しかけに感動する「東京名庭園」

庭園デザイナーが案内

烏賀陽百合

JN190124

誠文堂新光社

水景の涼

ホテルニューオータニ→ P64

緑の桃源郷。

ホテル椿山荘東京→ P54

四季を映す水鏡。

旧古河庭園→ P96

カナダ大使館→ P44

都市の散歩道。

小石川後楽園→ P24

海辺を渡る風。

浜離宮恩賜庭園→ P34

八芳園→P148

はじめに

東京庭園の景色は、四〇〇年間の都市の進化の縮図だ。

　京都の庭園に見慣れていた私は、初めて東京庭園を見た時、ビルや東京ドームが借景になった庭園を見て驚いた。京都の庭園の借景は、比叡山や東山、嵐山などの山々。庭から眺める山の景色が、庭の中に取り込まれている。しかし東京の庭園は、自然と人工の対比による景色だ。江戸時代に作られた池や築山と、現代の高層ビルや東京タワー、東京スカイツリーが、時代を超えてひとつの景色を作る。

　小石川後楽園では、入園してまず目に入るのは、巨大な東京ドーム。その白く大きな建造物は、不思議と江戸時代の池泉式庭園と馴染んでいる。朝もやがかかった時間に見ると、白くたなびく雲に見える。山の景色とは違う、現代の借景の姿だ。

桜が色づき、小石川後楽園に春が訪れる。

京都の美しい庭園は神社仏閣に多い。夢窓国師《むそうこくし》による西芳寺や天龍寺の庭園、大徳寺や妙心寺の塔頭《たっちゅう》寺院にある枯山水庭園などは、宗教的なテーマが主題となった庭。蓬莱思想や極楽浄土など、仏教にちなんだテーマが多い。

一方東京庭園の代表的なものは、浜離宮恩賜庭園、六義園、小石川後楽園など大名庭園が多い。これらの庭は、江戸時代徳川家の庭園や大名の下屋敷だったところ。池の周りを歩いて楽しめる池泉回遊式の庭は、宗教的な意味よりもエンターテイメントな要素が多い。

たとえば小石川後楽園は、「江戸から京の都への旅」がひとつのテーマになっている。京へ旅する途中にある風光明媚な場所を庭に作り、旅行気分を楽しめるようになっている。また六義園は、和歌で詠まれた場所などを園内に何カ所も作り、それを巡って楽しむテーマパークのようなしかけになっている。浜離宮恩賜庭園は、徳川家の将軍達が鷹狩りや釣りをして一日楽し

小石川後楽園の夏。

く過ごす場所だった。将軍が政務から離れてゆっくりできるように、茶屋や鴨場が造られた。

　明治に入ると、財閥の影響が強くなる。その中でも三菱財閥の創業者・岩崎《いわさき》彌《や》太郎《たろう》の存在は大きい。彼は明治になって荒れてしまった大名庭園を買い上げ、庭園を整備した。そこで来賓をもてなしたり、社員のレクリエーションの場として利用した。六義園や清澄庭園などは、岩崎彌太郎によって改修された庭園。彼のお陰で素晴らしい大名庭園が後世に残された。

　旧古河庭園は、古河財閥の三代目・古河《ふるかわ》虎《とら》之《の》助《すけ》の屋敷だったところ。ジョサイア・コンドル設計の洋館と洋風庭園、七代目小川治兵衛による日本庭園という贅沢なコラボレーションにより、素晴らしい空間が完成した。

　また東京には、文学者や芸術家が愛した庭園も多い。俳人・正岡子規の庭にはへちまやケイトウなどの四季

秋の旧古河庭園。紅葉とバラによる赤の競演。

の草花が植えられ、彼の創作の源となった。子規は寝たきりになってからも、部屋から見える庭の自然の句を沢山詠んだ。彫刻家の朝倉文夫は自邸の屋上に庭園を作り、自然を見る目を養うことが芸術作品を生み出す力になることを生徒達に教えた。庭は彼らにインスピレーションを与える場所だった。

東京庭園は、私達をどこかへ「誘《いざな》う庭」だ。憧れの場所や、和歌、俳句に詠まれた世界など、想像の世界に運んでくれる。そして時を超えて、江戸、明治、大正、昭和、平成の時代に生きた人々の想いや美意識を伝えてくれる。

春は桜や菜の花、初夏は紫陽花やカキツバタ、青もみじ、秋は紅葉、冬は雪吊りの景色といった四季の自然を感じることもできる。都会にいながら、小川の流れや小鳥のさえずりが聞こえるなんて、素敵だ。

魅力あふれる東京庭園。ぜひふらりと誘われてみてほしい。

六義園の冬。クマザサの斜面を雪が白く染める。

しかけに感動する「東京名庭園」

目次

写真／野口さとこ（19ページ・32ページ④・60〜61ページ・104ページ①・110ページ・188〜196ページを除く）、山本貴也（19ページ、32ページ④、104ページ①、188〜196ページ（192ページ左・196ページ④を除く））
写真提供／ホテル椿山荘東京（60〜61ページ）、浅草寺（110ページ）、子規庵保存会（192ページ左）、羽二重団子（196ページ④）
編集協力／山本貴也
デザイン／堀口努（underson）

※本書掲載の情報は二〇一九年九月一日現在のものです。

Tokyo Garden | 01

京への旅を疑似体験する 江戸のテーマパーク

小石川後楽園

Koishikawa Korakuen Gardens

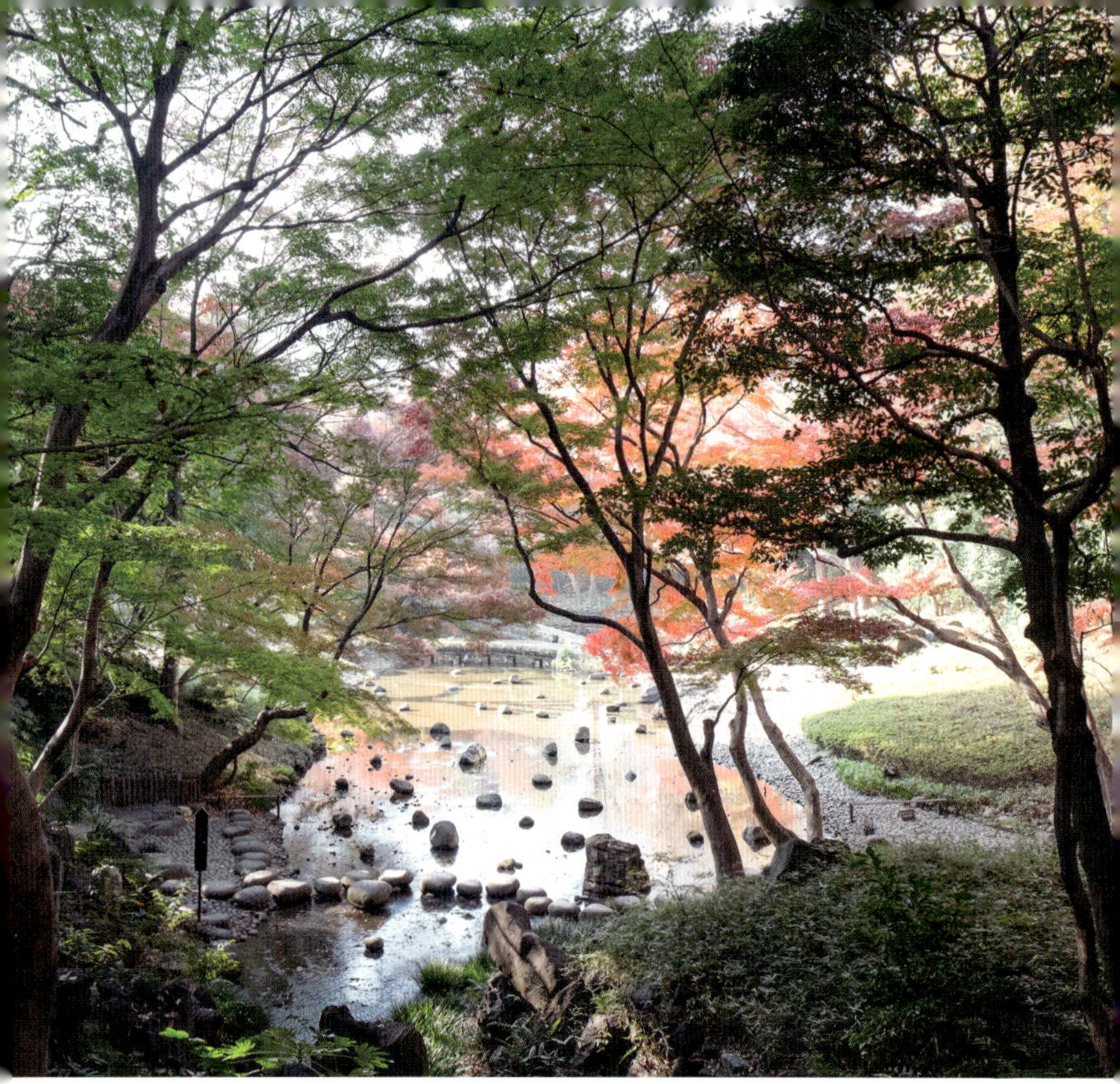

秋の小石川後楽園。京都・嵐山の風景を表した大堰川と渡月橋が紅葉に彩られる。

Overview

全国を旅しなかった徳川光圀の「妄想庭園」

初めて小石川後楽園を訪れた時はびっくりした。江戸時代の大名庭園の借景が、真っ白な東京ドームだった。京都の庭園には、こんな風景はまずない。人工物と日本庭園の組み合わせに最初は違和感を覚えた。しかし何度も通っているうちに、東京ドームがだんだん雪を抱く富士山のように見えてきた。不思議な存在感で庭園にそびえ立つ白い建造物。これが現代の東京庭園の姿だと思った。

小石川後楽園は、一六二九年（寛永

六年）に水戸徳川家の初代藩主・徳川《とくがわ》頼房《よりふさ》が、京都の庭師だった徳大寺左兵衛《とくだいじさへえ》に命じて明暦の大火を機に江戸の中屋敷に庭を作ったのが始まり。その後、頼房の嫡子で二代藩主、水戸黄門でお馴染みの徳川光圀《とくがわみつくに》が庭を整えた。

光圀は、中国の明から日本に亡命してきた儒学者・朱舜水《しゅしゅんすい》を水戸藩に招き、彼のアドバイスを庭に取り入れた。庭にある「西湖《せいこ》の堤《つつみ》」や「小廬山《しょうろざん》」は、中国の風光明媚といわれる場所を模したもの。アーチが美しい円月橋も朱舜水の設計で造られた。また、「後楽園」という名前も彼により選ばれたといわれる。「優れた人物は、天下の憂いに先じて憂い、天下の楽しみに後れて楽しむ」という、中国の「岳陽楼《がくようろう》記《き》」から来ている。

中国の景勝地・西湖の風景を模した「西湖の堤」。

「内庭」から始まる京への旅

小石川後楽園は景勝地を巡る趣向のエンターテイメントな庭で、テーマは「江戸から京への旅」。本来のスタート地点は、一番奥の「内庭」と呼ばれる水戸藩の書院があったところ。ここを江戸として、園内を旅するしかけになっていた。

まずは江戸を発って、木曽路に見立てた森の中を歩く。木曽路は江戸時代、江戸から信濃国と美濃国を経て京へ続く中山道だった。険しい山道だったの

夏、竜田川に見立てた
水の流れが涼を呼ぶ。

で、ここでも鬱蒼とした山の景色が表されている。

木曽路を抜けると、もみじの木立と竜田川の景色になる。竜田川は奈良県生駒を流れる川で、古来、紅葉の名所だった。「ちはやぶる 神代《かみよ》も聞かず 竜田川 からくれなゐに 水くくるとは（神代にも聞いたことがない。竜田川が紅葉で鮮やかな紅色に染められるとは）」という在原業平《ありわらのなりひら》の歌が有名だ。紅葉といえば竜田川、と誰もが連想する名所だった。

川の向こうには大泉水の景色が開け、蓬莱島と大きな徳大寺石が目の前に現れる。この池は琵琶湖を表している。池畔には、歌川広重《うたがわひろしげ》の「近江八景 唐《から》崎夜雨《さきやう》」で有名な「唐崎の一つ松」に見立てられた松も植えられている。

琵琶湖を過ぎると、京都の嵐山に到着する。ここは大堰川と渡月橋の景色を模しており、もみじも植えられている。山に架かる赤い橋は通天橋で、紅葉の名所・東福寺の有名な橋。江戸にいながら、京の四季の風景を楽しめるようになっている。この道順で散策すると、全国の景勝地が縮景となった庭だということがよくわかる。

徳川光圀は、水戸黄門のドラマのように諸国を旅した人のイメージがあるが、実際は生涯において関東圏を出ることはなかった。光圀は自分が訪れてみたい景色をここに再現し、旅行気分を味わったのかもしれない。小石川後楽園は、光圀の妄想庭園なのだ。

新緑がまぶしい、初夏の小石川後楽園。

秋の小石川後楽園。松の雪吊りを終え、冬を迎える。

初夏の小石川後楽園。菖蒲田ではハナショウブが色づき、目を楽しませる。

見どころ

Highlights

❶ 庭園を見下ろせる小廬山

一面オカメザサでおおわれた築山。その姿、形が中国の景勝地・廬山に似ていることから江戸の儒学者・林羅山《はやしらざん》が名付けたもの。

❷ 蓬莱島の徳大寺石

庭園の中心をなす大泉水は、琵琶湖を表現したもの。中に浮かぶ蓬莱島には京都の庭師・徳大寺左兵衛がしつらえた名石「徳大寺石」があり、庭のフォーカルポイントとなっている。

❸ 朱舜水設計の円月橋

光圀が師事した明の儒学者・朱舜水が設計したといわれる石橋。水面に映る様子と合わせると満月のように見えることから、この名が付いた。

❹ 樹齢70年を超すしだれ桜

かつて庭園を入ったところには樹齢100年以上というしだれ桜の古木があった。現在のものは、その後を継いで植えられたもの。推定樹齢は70年を超すといわれている。

小石川後楽園

Koishikawa Korakuen Gardens

概要

1629年（寛永6年）に水戸徳川家の祖である徳川頼房が江戸の中屋敷の庭として作り、二代藩主の徳川光圀の代に完成した。光圀は、師と仰いでいた明の儒学者・朱舜水の意見を取り入れて作庭。「後楽園」の名も、「（士はまさに）天下の憂いに先じて憂い、天下の楽しみに後れて楽しむ」という中国の「岳陽楼記」から来ている。

庭園は、池を中心にした回遊式築山泉水庭園。木曽路や竜田川の風景などが模され、江戸から京都への旅が疑似体験できるようになっている他、「西湖の堤」など中国の名所の名を付けた景観を随所に配して中国趣味豊かな庭にもなっている。全国に9カ所しかない、国の特別史跡と特別名勝の重複指定を受けている名勝のひとつ。

住所

東京都文京区後楽1-6-6

開園時間

9時～17時（入園は16時30分まで）

休園日

年末・年始（12月29日～翌年1月1日）

おもな植物

ロウバイ、サンシュユ、ウメ、シダレザクラ、ソメイヨシノ、サトザクラ（ウコン）、フジ、ガクアジサイ、カキツバタ、ハナショウブ、シャガ、ツワブキ、ヒガンバナ、スイレン、ハス、マツ、カヤ、タブノキ、シイノキ、ヤブツバキ、ケヤキ、イロハモミジ

Address

1-6-6, Koraku, Bunkyo-ku,Tokyo

Tokyo Garden 02

江戸の文化が感じられる
将軍の遊び場

浜離宮恩賜庭園

Hama-rikyu Gardens

「中島の御茶屋」のテラスに出ると、池が全面に広がる。

Overview

園内を散策すれば江戸にタイムスリップ

新橋駅から程近い浜離宮恩賜庭園を初めて訪れた時、美しい水の景色に感動した。中島の御茶屋から眺めるとずっと向こうまで水が広がっている。東京の中心にいるとは思えない静けさ。ここでは水に映るビルの景色さえも美しい。まるでここだけ世界から隔絶されたようだ。

浜離宮は江戸時代に作られた大名庭園。寛永年間（一六二四〜一六四四年）、この場所は一面に葦が広がる徳川家の鷹狩場だった。一六五四年（承応三年）に四代将軍家綱《いえつな》の弟・松平綱重《まつだいらつなしげ》が江戸湾を埋め立て、「甲府浜屋敷」と呼ばれる別邸を建てたのが始まり。その後、綱重の息子・六代将軍家宣《いえのぶ》の時にこの屋敷が将軍家のものとなり、「浜御殿」という名称になった。その後何度も改修され、現在のような姿になったのは一一代将軍家斉《いえなり》の時。

明治以降は皇室の離宮となり「浜離宮」という名前になった。当時はここに「延遼館《えんりょうかん》」という迎賓館もあり、海外からの来賓をもてなす場所になった。力士を呼んで庭で相撲も取られたそうだ。

「松の御茶屋」。歴代の将軍はこうした御茶屋で賓客と食事をしたり、調度品を鑑賞したりした。

二四八回訪れた将軍家斉

この庭園の一番の特徴は、「潮入の池」の池泉回遊式庭園であること。海から水を引いているので、潮の満ち引きで池の水位が変わる。昔は旧芝離宮恩賜庭園もそうだったが、今も海から水を引いている庭園は大変珍しい。そのため浜離宮の池では、ボラの稚魚やエイ、ウナギなどの海の生き物を見ることができる。江戸時代、家斉の正室・寔子《ただこ》もここで釣りに熱中したそうだ。

もうひとつ面白いのは、一七七八年（安永七年）と一七九一年（寛政三年）に作られた鴨場の跡が残っているところ。「元溜り《もとだまり》」という水鳥が来る池に、囮《おとり》のアヒルが放されていた。秋から

浜離宮恩賜庭園の敷地は約25万平方メートル。都立9庭園の中でも随一の広さを誇る。

冬にかけて、野生の鴨が元溜りに渡ってくる。「小覗《このぞき》」という台形に土を盛った場所から板木を鳴らして引堀（細長い堀）にエサを撒くと、アヒルが引堀に入り、鴨も後をつけて引堀に入る。引き込んだところで、驚かせて鴨を飛び立たせ、鷹匠が鷹で狩るという方法だ（アヒルは飛べないから安全）。明治になると、鷹でなく叉手網《さであみ》が使われた。鴨を逃すと仲間に危険を知らせるので、一匹残らず捕獲しなければならない。鷹を上手に操れなければ、鴨は狩れないのだ。

一一代将軍家斉は二四八回も浜離宮を訪れていて、そのほとんどは鷹狩りが目的だったといわれる。家斉は一七九八年（寛政一〇年）に品川湾に迷い込んだクジラを浜離宮から見学してい

「燕の御茶屋」。室内のしつらえが美しい。

る。当時は房総半島まで見えたそうだ。

また園内には、九年母《くねんぼ》というみかんに似た実がなるインドシナ原産の柑橘の木が植えられている。これは一七二九年（享保一四年）、八代将軍吉宗《よしむね》に献上されたベトナムの象の食料となった果実。象は長崎から江戸まで陸路を歩いて旅をした。人々は初めて見る象に驚き、関連グッズまで売られるという象ブームが起きた。その時、象が通る藩の大名には象のために九年母を用意するようお達しが出たそうだ。象は京で朝廷に参内し中御門《なかみかど》天皇に、そして江戸城で吉宗に謁見した。その後、一〇年以上浜御殿の小屋で飼われた。

浜離宮には江戸の文化の粋《すい》が集まっている。徳川家代々の将軍がそれぞれ何を楽しみ、何に価値を置いたかを感じ取れる庭だ。園内を散策すると、江戸時代にタイムスリップしたような気持ちになれるだろう。

「燕の御茶屋」の釘隠しには燕がデザインされており、洒落ている。

将軍達が鷹狩りをした際に使われた「小覗」が今も残る。

11代将軍家斉の時代に建てられ、東京大空襲で焼失していた「松の御茶屋」「燕の御茶屋」「鷹の御茶屋」が平成になって忠実に復元された。写真は「燕の御茶屋」からの風景。

見どころ

Highlights

❶ 春の風物詩・菜の花

大手門から入って左手に行くと、お花畑が広がる。このお花畑は、春には菜の花が一斉に咲き、黄色い絨毯となって圧巻。夏から秋にかけてはコスモスが美しく咲く。

❷ 鷹の御茶屋

「鷹の御茶屋」は鷹狩りの時に休憩に使われた建物で、茅葺き屋根のデザインが凝っていて面白い。裏には鷹を入れておく小屋もある。

❸「中島の御茶屋」のお菓子

「中島の御茶屋」では喫茶ができ、抹茶とお菓子のセットなどがいただける。季節によって変わるお菓子が楽しく、写真は鷹の形をした可愛らしいお菓子。

❹ 鴨場の跡

浜離宮恩賜庭園には将軍の鷹狩りで使われた鴨場の跡が残っており、貴重。写真は、鴨などの水鳥を引き込んだ「引堀」。

浜離宮恩賜庭園

Hama-rikyu Gardens

概要

浜離宮恩賜庭園のある場所は、元々将軍家の鷹狩場として使われていた。1654年（承応3年）、4代将軍家綱の弟・松平綱重が将軍から海を埋め立てて別邸を建てる許しを得、甲府浜屋敷と呼ばれる別邸を設けた。綱重の子が6代将軍家宣になると屋敷は将軍家の別邸となり、名称も浜御殿と改められた。以来、歴代将軍によって造園、改修工事が行われ、11代将軍家斉の時にほぼ現在の姿になったと伝えられる。

明治維新ののち皇室の離宮となり、名前も浜離宮となる。1945年、東京都に下賜され、整備ののち1946年に一般公開。1948年に国の名勝及び史跡に、1952年には周囲の水面を含め、国の特別名勝および特別史跡に指定されている。

住所

東京都中央区浜離宮庭園1-1

開園時間

9時～17時（入園は16時30分まで）

休園日

年末・年始（12月29日～翌年1月1日）

おもな植物

クロマツ、タブノキ、トウカエデ、サトザクラ、サルスベリ、モミジ、ケヤキ、エノキ、ハゼノキ、ウメ、ツバキ、ハナショウブ、アジサイ、サツキ

Address

1-1, Hamarikyu-teien, Chuo-ku, Tokyo

Tokyo Garden | 03

カナダの自然を石で表現した独創的な庭

カナダ大使館

Embassy of Canada to Japan

太平洋を表す池の向こうに、赤坂離宮の森が広がる。

Overview

石だけの庭が見せる多彩な表情

赤坂にある在日カナダ大使館の新庁舎は、一九九一年に日系カナダ人の建築家、レイモンド・モリヤマ氏によって設計され、カナダと日本の文化交流を目的として建てられた。

エスカレーターで四階まで上がると、モダンな石の庭「カナダ・ガーデン」が現れる。ここのメインは石。借景はビルと赤坂離宮の森。シンプルだが力強く、カッコいい庭園だ。

庭のデザインは、禅僧であり作庭家でもある枡《ます》野《の》俊明《しゅんみょう》氏。枡野氏がデザインした庭園は石の見せ方が素晴らし

い。こんな石の使い方もあるのか、と感動する。大胆ながら繊細なデザインで、一度見たら忘れられない。割った石を再び繋ぎ合わせたり、石を横に何メートルも繋げたり、硬い素材の石を自由自在に扱う。渋谷のセルリアンタワーのラウンジ庭園や、神奈川県寒川神社の「神嶽山神苑《かんたけやましんえん》」も枡野氏の作。国内外の庭園を数多く手掛ける人気の作庭家だ。

庭でカナダの風景を旅する

「カナダ・ガーデン」のコンセプトは、「カナダ大陸の風景を旅し、海を越えて日本にたどり着く」というもの。エスカレーターを上がってすぐ目の前にある池は大西洋を表す。石がゴロゴロと置かれた平坦なところは、先カンブリア紀にできたカナダ大陸北東部の楯状地。そして、いくつもの大石は北極地域や太平原を表している。

ここでは石を割る時に開ける「矢穴」や割った跡の「矢跡」をわざと見せて、石の景色をより面白くしている。下の敷石も石の形に合わせて切られていて、細やかな仕事がなされている。

三つ並んだ三角形の切石は、ロッ

矢穴や矢跡が石の景にアクセントを与えている。

キー山脈。カナダの大自然をすべて石で表すという、ユニークでダイナミックな庭だ。

北東角には、石を積み上げて人の形にしたオブジェがある。これはカナナンギナック・プーテウグック氏の「イヌクシュック」(イヌイット語で「人間の化身」の意味)という作品。イヌクシュックは道しるべとして使われるイヌイットの伝統的な造形物で、二〇一〇年に開催されたバンクーバー・オリンピックのシンボルマークにもなった。

赤坂離宮の森が借景になった北側の池は、太平洋を表す。ここの丸い飛石を渡って建物の反対側に行くとカナダの風景から一転、枯山水の日本庭園が現れる。

ロッキー山脈を表す3つの切石。

カナンギナック・プーテウグック氏によるオブジェ「イヌクシュック」。

真っ直ぐに伸びた延段のデザインや木の化石など、ひとつひとつがカッコいい。正面のふたつの大石は、日本とカナダを表している。大石の前は、切石、砂、黒い丸石が組み合わされた市松模様の庭。日本庭園の伝統的なコンセプトにモダンなエッセンスが加わっている。

実は、カナダ大使館のある男子トイレからはナイアガラの滝をイメージした滝が見えるようになっている。こんなところも遊び心があっていい。

私はカナダのナイアガラ園芸学校に三年間通っていたので、カナダの風景を庭として表現したこの場所がとても好きだ。秋になると赤坂離宮の森が紅葉し、高層ビルとの対比が美しい。都会とカナダの自然がクロスオーバーする、唯一無二の庭だ。

日本庭園の木の化石や、モダンな敷石のデザインが庭に表情をもたらしている。

モダンなカナダ大使館の日本庭園。

見どころ

Highlights

❶ 日本庭園正面の大石

日本庭園の正面には、一際目を引く大石が据えられている。この前後に置かれた2つの大石は、日本とカナダを表している。

❷ 矢跡が見せる石の表情

「カナダ・ガーデン」の石には、石を割った時の「矢跡」のある石がいくつも使われている。この「矢跡」が見せる独特の表情に注目。

❸ 太平洋を渡る飛石

「カナダ・ガーデン」と日本庭園を結ぶ池は、太平洋を表している。この太平洋を表す池には、枡野俊明氏のデザインによるモダンな飛石が置かれている。

❹ 市松模様のデザイン

日本庭園の正面の大石の前は、モダンなデザインの市松模様の庭になっている。自然石と切石を組み合わせた延段の模様にも要注目。

カナダ大使館

Embassy of Canada to Japan

概要

在日カナダ大使館の歴史は、東京・赤坂にある青山忠俊子爵の所有地を初代の駐日外交代表ハーバート・マーラー氏が購入し、1933年11月2日に公使邸、11月4日に公使館が完成したことに始まる。その後、用地の拡張、別館の建設を経て、1991年5月に現在の新庁舎が完成した。

新庁舎の4階には、曹洞宗建功寺の住職であり、庭園デザイナーでもある枡野俊明氏がデザインした「カナダ・ガーデン」、枯山水式日本庭園があり、見学が可能。「カナダ・ガーデン」は、石や岩でカナダ大陸の北極地域、太平原、ロッキー山脈などを表現したユニークなものになっている。

住所

東京都港区赤坂7-3-38

見学時間

10時～16時（入館時に政府発行の写真つき身分証明証の提示が必要）

休館日

年末・年始、カナダの祝日など
（詳細はカナダ大使館HP www.japan.gc.ca に掲載）

Address

7-3-38, Akasaka, Minato-ku, Tokyo

Tokyo Garden | 04

人々に愛され続ける
景勝の地

ホテル椿山荘東京

Hotel Chinzanso Tokyo

秋のホテル椿山荘東京庭園。見えている十三重の層塔は、織田信長の弟・織田有楽斎《おだうらくさい》由縁のものという。

Overview

訪問者を楽しませる石造美術の名品

目白台に建つホテル椿山荘東京は、この土地が持つ不思議な魅力によって多くの人から愛されてきた。

この地に魅せられた一人が、明治時代の軍人であり内閣総理大臣を二度務めた山縣有朋《やまがたありとも》。一八七八年（明治一一年）に私財を投じてこの土地を購入し、東京の本宅を建設した。南北朝時代より椿山と呼ばれる景勝の地であったので、山縣は椿山荘と名付けた。

その後、藤田組の二代目当主・藤田《ふじた》平太郎《へいたろう》男爵が椿山荘を譲り受ける。平太郎の父は藤田財閥創始者・藤田伝三《ふじたでんざぶ》

三重塔の前にある般若寺式灯籠は、鎌倉後期の逸品。

旧東海道の日ノ岡峠にあった大水鉢「量救水」。

郎《ろう》。民間人で初めて男爵となった人物だ。伝三郎と山縣は同じ長州藩出身で、高杉晋作の奇兵隊で親交を持った。伝三郎は大阪で商売を成功させ、さらに西南戦争で莫大な利益を上げ、三井、三菱に並ぶ大財閥となった。

藤田親子は古美術や茶道の造詣が深く、彼らが蒐集した曜変天目《ようへんてんもく》茶碗などのコレクションは、現在藤田美術館に収蔵されている。また、ホテル椿山荘東京は今も藤田財閥にルーツを持つ藤田観光によって運営されている。

庭に取り入れられた峠の景

藤田平太郎は石造美術品のコレクターでもあった。ホテル椿山荘東京の庭園には、藤田が蒐集した素晴らしい灯

秋、三重塔が紅葉の中に浮かぶように見える。

籠や手水鉢が残されている。般若寺式灯籠は、奈良の般若寺にあったもの。鎌倉時代の大変貴重なものだ。鎌倉時代の灯籠は名品が多く、この灯籠も形がスラリとして美しい。近年の調査でホテル椿山荘東京のものが本歌（オリジナル）ということがわかった。

その隣にある「量救水《りょうぐすい》」の大水鉢と、轍の跡がある「車石」は、大津と京都を繋ぐ日ノ岡峠にあったもの。江戸時代、ぬかるみがひどかった悪路を木《もく》食正禅上人《じきしょうぜんしょうにん》が敷石を据えて整備し、牛車などの荷車が楽に通れるようになった。大水鉢は道行く旅人の喉を潤していたもので、内側には木食上人による梵字が彫られている。椿山荘にわざわざ大水鉢や車石を運び日ノ岡峠の景色を作るとは、粋だ。

斜面に置かれた約20体の羅漢石は、伊藤若冲《いとうじゃくちゅう》の下絵によるもの。

ホテル椿山荘東京のランドマークにもなっている三重塔「圓通閣《えんつうかく》」は、広島県の竹林寺にあったもの。大正時代、台風によって二、三層目が破壊されたが、修復するという条件で一九二五年（大正一四年）にこちらに移築された。今ではすっかりここの景色に馴染んでいる。東京大空襲の時に藤田の大邸宅や山縣記念館は全焼したが、この三重塔だけは奇跡的に焼け残った。青もみじや紅葉の中に浮かぶ三重塔は清々しく、壮麗だ。

ホテル椿山荘東京の庭園は四季の景色が楽しめる庭。春は華やかな桜、初夏は爽やかな青もみじと蛍、秋は紅葉が美しく、ライトアップもされる。冬は伝統的な松の雪吊りや椿の花を見ることができ、ホテルを訪れた人々の心をなごませる。ここはアフタヌーンティーも人気。庭園の自然を眺めながらゆっくりお茶をすると幸せを感じる。

山縣有朋や藤田平太郎も、百年後、みんなが幸せそうに集う場所になるとは想像もつかなかっただろう。ホテル椿山荘東京の魅力は年月が経っても色褪せることなく、人々を魅了する。

「電力王」と呼ばれた財界人・松永安左ヱ門の設計による茶室「長松亭《ちょうしょうてい》」。現在は個室として使われている。

春のホテル椿山荘東京庭園。桜が庭園を鮮やかに彩る。（写真提供：ホテル椿山荘東京）

見どころ

Highlights

❶ 三重塔「圓通閣」

ホテル椿山荘東京庭園の象徴的存在となっている三重塔「圓通閣」。広島県にある、平安時代の歌人として名高い小野篁《おののたかむら》由緑の寺・竹林寺にあったものを大正時代に移築した。

❷ 般若寺式灯籠と大水鉢

三重塔「圓通閣」前にある般若寺式灯籠と大水鉢は必見。般若寺式灯籠は、鎌倉時代の大変貴重なもの。大水鉢「量救水」の内側には木食上人による梵字が彫られている。

❸ 羅漢石

バンケット棟近くの斜面にある約20体の羅漢石は、江戸中期の画家・伊藤若冲の下絵による。ユーモラスで生き生きとした表情は、さすが若冲と思わされる。

❹ 福の亀

庭園内神殿の前に置かれた「福の亀」は、本当に亀のように見える。これは天然の甲州御影石で、亀甲模様も石の軟らかい部分が風化することによってできた。

ホテル椿山荘東京

Hotel Chinzanso Tokyo

概要

椿が自生し南北朝の頃より「椿山」と呼ばれていた地を、1878年（明治11年）に軍人・政治家の山縣有朋が購入。庭、邸宅を作り、「椿山荘」と名付けた。1918年（大正7年）、藤田組の2代目当主・藤田平太郎が山縣から引き継ぎ、1948年、藤田興業の所有に。1952年、ガーデンレストラン「椿山荘」がオープンした。

庭園は山縣が全体計画や意匠を指導し、庭師の岩本勝五郎が施工。1945年の空襲でほとんどが灰燼に帰したが、戦後、藤田興業の創業者・小川栄一が1万を超える樹木を移植して復興した。目白台地の傾斜を利用した緑あふれる敷地には、国の登録有形文化財の三重塔「圓通閣」や鎌倉時代後期の般若寺式灯籠など多くの見どころがある。

住所

東京都文京区関口2-10-8

開園時間

10時～21時半（時期により異なる）

休園日

年中無休

おもな植物

ウメ、ツバキ、サクラ、ツツジ、カキツバタ、アジサイ、サルスベリ、カエデ、サザンカ、クロマツ、シイ

Address

2-10-8, Sekiguchi, Bunkyo-ku, Tokyo

Tokyo Garden | 05

ホテルマンの愛情が注がれた
都会のオアシス

ホテルニューオータニ

Hotel New Otani Tokyo

初秋、ホテルニューオータニ日本庭園の清泉池。緑あふれる庭の真ん中に位置するこの池には、サギや鴨も渡ってくる。

Overview

東京の真ん中で豊かな自然に触れる庭

東京には、美しい庭園を楽しめるホテルが多い。大名屋敷がホテルになった場合がほとんどで、都会の中で豊かな自然を感じることができる。その中でもホテルニューオータニの日本庭園は美しい滝や池があり、外国人からも人気の場所だ。

ホテルニューオータニは一九六四年、元力士で実業家だった大谷《おおたに》米《よね》太郎《たろう》によって開業された。一九六四年の東京オリンピックの開催にあたり、当時外国人が滞在できるホテルがほとんどなかった。政府からの要請もあり、大谷は

加藤清正の下屋敷だった時代の木の化石が今も残る。

ホテル業に乗り出すことを決意する。しかし東京オリンピックの開催までには一年半しかなかった。そこで日本で初めて導入されたのがユニットバス。これによって建設のスピードが飛躍的に進み、オリンピック前に無事完成した。そして日本を代表するホテルのひとつとなった。

ホテルの場所は、初代肥後熊本藩主を務めた加藤清正の下屋敷だったところ。その頃あった木の化石が、今も庭園の池に残る。その後は井伊家の屋敷となった。ホテルがある紀尾井町の名前は、紀伊徳川家、尾張徳川家、井伊家の頭文字をとって付けられた。その後、伏見宮邸を経て、外国人の手に渡ろうとしたところを大谷米太郎が購入し、それを防いだ。

ここの日本庭園は、岩城《いわき》亘太郎《せんたろう》（通称亘太郎《せんたろう》／一八九八～一九八八年）の作。岩城は「植治《うえじ》」の屋号で知られる七代目小川治兵衛の下で修業したあと上京し、多くの美しい庭園を手掛けた。

一九七四年には高さ六メートルの大滝が作られ、雄大な滝、川の流れ、池、森の景色を楽しみながら、ゆっくり散歩できるようになっている。桜やサツキ、もみじ、椿など、自然豊かな景色も美しい。カブトムシやクワガタムシも来るそうだ。都会のオアシスとはありきたりな表現だが、東京の真ん中にこんな豊かな自然があることに驚く。また、ホテルの廊下のカーペットは枯山水庭園のデザインになっている。室内と庭園がマッチしていて、とても洒落ている。

ホテルマンが理想を実現

この庭園のもうひとつの特徴は、働いておられる庭師さん達がホテルニューオータニのホテルマンだということ。ホテルマン自ら維持管理に取り組んでいる、とてもユニークなシステムだ。

庭師の一人、吉橋克美《よしはしかつみ》さんにお話を伺った。吉橋さんは髪の毛をきっちり整えられ、身のこなしも素敵な方。ホ

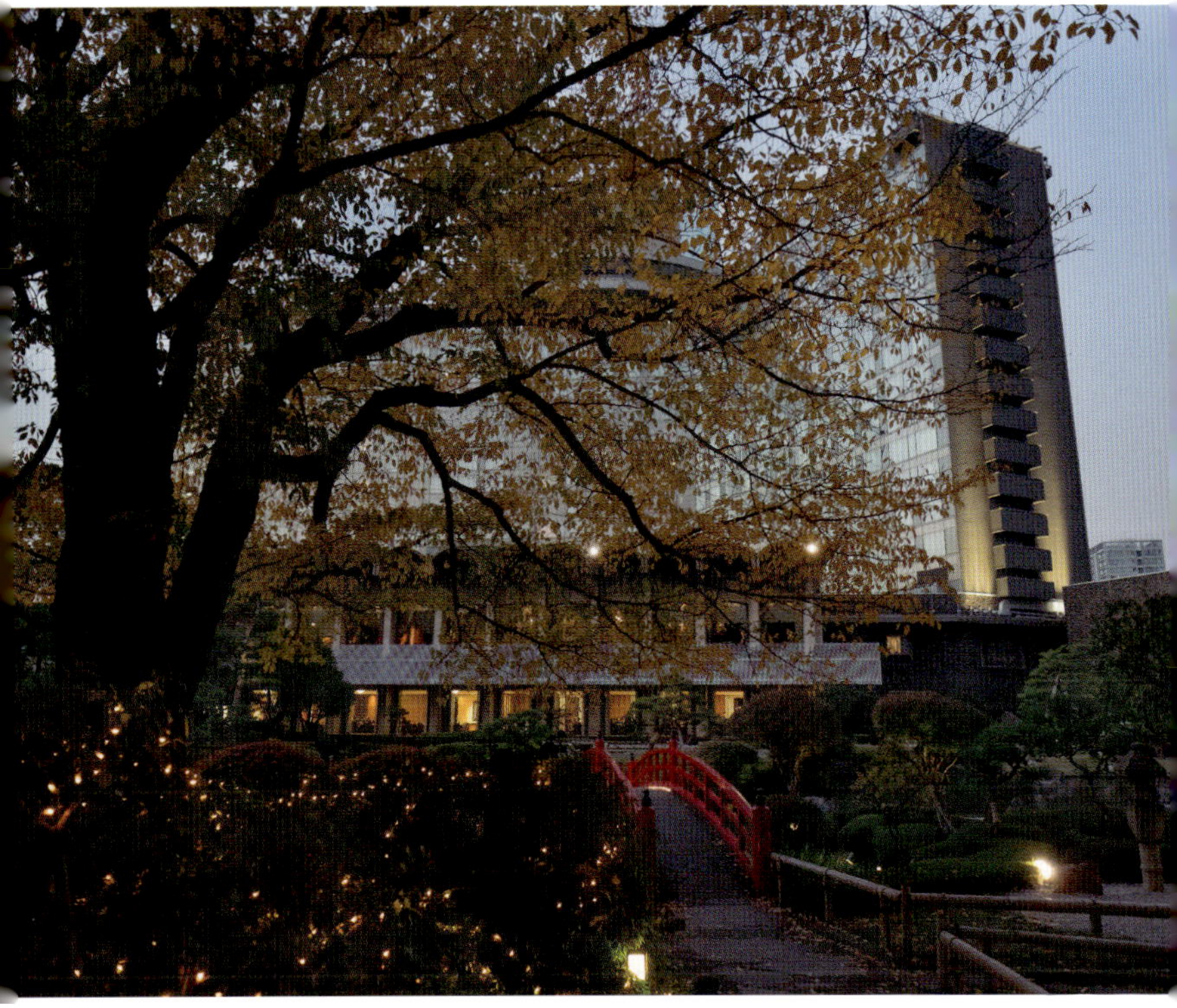

夕闇迫るホテルニューオータニ日本庭園。庭内に灯りがつき始める。

テル館内で勤務していた時も宴会場から庭を眺め、こうすればもっと庭は綺麗になるだろう……と長年思っておられたという。

　今から一三年前、自ら志願して、庭の部署に異動。初心者だったが本を調べ、親方に話を聞き、独学で学ばれた。

庭内にある十三重の塔は、四角大層坊塔と呼ばれる南北朝時代のもの。

庭園は緑豊か。春は桜が目を楽しませる。

「今はかつて思い描いていた理想の庭作りをしています。他の庭師達もそれぞれが「こういう庭にしたい」と思っていたことを実現しているんですよ」。木の階段やベンチも庭師さん達の手作り。ここの庭がどこか優しく、あたたかいのは、何十年もこの庭を眺めてこられたホテルマン達の愛情の賜物だ。

　宴会場前の枯山水庭園は、最近吉橋さん達の手によって美しく整えられた。元々あった石を使い、素敵な蹲踞《つくばい》も完成した。

　大谷米太郎は裸一貫で事業を立ち上げた人物。その精神が、今もホテルニューオータニで働く人達に受け継がれている。

宴会場「パラッツォオータニ」の前に広がる枯山水庭園。

見どころ

Highlights

❶ 佐渡赤玉石

庭内の目を引く佐渡赤玉石は、大谷米太郎が佐渡島より運ばせたお気に入りの石。今は採石禁止なので大変貴重。一番大きいものは重量 22 トンもある。

❷ 寛永寺形灯籠

江戸時代、上野の寛永寺に寄進された灯籠。昭和期に放出されたものを大谷米太郎が購入した。庭内には大谷がコレクションした石造美術品が数多く据えられている。

❸ 江戸時代からの大木の化石

加藤清正の下屋敷だった時代からあるもの。木がそのまま化石になったものは珍しい。この場所の歴史の深さがわかる。

❹ 滝のライトアップ

庭園では、日本を代表する照明デザイナー石井《いしい》幹子《もとこ》氏の監修によるライトアップが年間を通じて行われている。大滝も昼とは違った表情を見せる。

ホテルニューオータニ

Hotel New Otani Tokyo

概要

江戸時代初期の加藤清正の下屋敷が井伊家へと引き継がれ、明治時代に伏見宮邸となり、第二次大戦後、伏見宮家が手放すにあたって実業家の大谷米太郎が自邸として購入。大谷が政府の依頼に応じ、1964年、東京オリンピックのため当地にホテルニューオータニを建設した。

緑あふれる日本庭園は、約4万平方メートルの広さを持つ池泉回遊式庭園。清泉池《せいせんいけ》を中心に、佐渡の赤玉石などの名石や42基もの灯籠が配されている。1974年に造られた大滝は、高さ6メートル、約3～5トンの組石を82個使った壮大なもので、庭園のハイライトのひとつになっている。

住所

東京都千代田区紀尾井町4-1

開園時間

6時～22時

休園日

年中無休

おもな植物

ソメイヨシノ、ヤマザクラ、ハクレン、ミツバツツジ、サツキ、シャクナゲ、ハナモモ、カンツバキ、サザンカ、ベニチドリ、コウバイ、ハクバイ、ユキヤナギ、アセビ、クチナシ、ザクロ、サルスベリ

Address

4-1, Kioi-cho, Chiyoda-ku, Tokyo

Tokyo Garden 06

88の風景を集めた庭園

六義園

Rikugien Gardens

石組が美しい、大泉水の中の島。

Overview

時代を超えた二人の庭好きの共作

大名庭園には、作った人の意図やテーマが至るところに隠されている。庭園を鑑賞する側も、作り手のテーマやこだわりを理解する知識や教養が必要とされた。

駒込の六義園《りくぎえん》を作ったのは、江戸時代に幕府の側用人だった柳澤吉保《やなぎさわよしやす》という大名。五代将軍徳川綱吉《とくがわつなよし》に大変気に入られ、大老格にまで出世した。一六九五年（元禄八年）、綱吉から下屋敷としてこの地を拝領した柳澤は、自ら設計、指揮をして六義園を作ったと伝えられる。千川上水から水を引き、

七年の歳月をかけて一七〇二年（元禄一五年）、見事な池泉回遊式庭園を完成させた。

「六義園」の名前は、中国の漢詩集「毛詩」の中に出てくる「六義＝風《ふう》・賦《ふ》・比《ひ》・興《きょう》・雅《が》・頌《しょう》」から来ている。これは詩の分類方法で、紀貫之《きのつらゆき》がこれを用いて日本の和歌を「六体」に分類した。

和歌への造詣が深かった柳澤は、和歌山県和歌の浦を中心に「万葉集」や「古今和歌集」などに詠まれた和歌や仏教、中国の古典にちなむ風光明媚な

桜がほころび、春の到来を告げる。

場所八十八境《はちじゅうはっきょう》を選定し、園内にそれらの景を作った。正門から近い池畔の「出汐湊《でしおのみなと》」は、万葉集などで詠まれた紀州の景勝地・和歌の浦にちなんでいる。

園内で最も高い標高三五メートルの「藤代峠」は熊野古道の藤白坂に見立てている。中の島にある「妹山《いものやま》」と「背山《せのやま》」は、紀の川を挟んで並ぶ妹背《いもせ》山《やま》（和歌によく詠まれたふたつの山）から取られている。

吉保は八十八境それぞれの場所に石柱碑を立て、境の名前を記した。今も当時のものが少し残っていて、先の尖った形のものがオリジナルの石柱。探しながら歩くとまた楽しい。

庭園の中心となる大きな池は「大泉

「滝見の茶屋」脇の水景。石組は岩崎家時代に改修しているが、奇岩はこの地に元々あったものが使われている。奥に見える石組は三尊石、朝陽石や水分石。

大泉水に浮かぶ「蓬莱島」。中国の不老不死の仙人が住む島を表す。

水」と呼ばれ、中の島には一際目立つ青い大石が立てられている。玉笹石と呼ばれる紀州の青石で、江戸時代に流行った「陰陽石」のひとつ。男女生殖器の形をした石を庭に配置し、子孫繁栄を願った。御家存続には子孫繁栄が重要だったこの時代、陰陽石は大名庭園によく使われるモチーフだった。

　また池に浮かぶ「蓬莱島」は中国の不老不死の仙人が住む島を表し、こちらは長寿を意味する。ここには「徳川綱吉の世が永く続くように」という柳澤吉保の想いが込められているのだろう。

変わらぬ庭内からの景色

　吉保の死後、六義園は一度荒廃するが、一八〇九年（文化六年）に柳澤家四代の柳澤保光《やなぎさわやすみつ》が改修し、明治に入って再び蘇ることとなる。一八七八年（明治一一年）、三菱財閥の創業者・岩《いわ》崎《さき》彌太郎《やたろう》が六義園を購入し、庭を改修した。「滝見の茶屋」から眺める川流れの石組は、彌太郎の時にかなり改修されたそうだ。彼は石と木が大好きだったようで、園内の至るところに佐渡の赤玉石を持ってきて据えた。またタイサンボク（泰山木）などの大木も植えている。

　案内してくださったガイドの伊藤智《いとうとも》郎《お》さんの「六義園は柳澤吉保と岩崎彌太郎の合作です」という言葉に納得だ。違う時代を生きた二人の庭好きのお陰で庭は完成し、後世に引き継がれた。

伊藤さんが六義園の絶景ポイントに

連れて行ってくださった。「出汐湊」から南西側に向かって池を眺めると、背後にはビルなどの建造物がまったく見えない。まるでタイムスリップしたように、昔から変わらない景色が広がる。東京の大名庭園でビルが見えないのは、ここからの景色だけだそうだ。

その理由は、六義園の向こう側には大和郷《やまとむら》のお屋敷街があり、そこは今でも高い建物が建たないからだそうだ。

東京の景観がこのように保たれているのは本当に珍しい。庭園の美しさが、この地域のお陰で成り立っている。これからも六義園の背後をガッチリと守ってほしい。

「つつじ茶屋」は六義園が岩崎家の所有となってから作られ、当時の柱と梁が現存する。

紅葉が色づき始めた初秋の六義園。

見どころ

Highlights

❶ しだれ桜

園内に入ってすぐ見えてくるのがしだれ桜。六義園のシンボル的存在で、春にはライトアップも行われる。1938年に六義園が東京市に寄付されたのちに植栽された。

❷ 中の島の玉笹石

中の島で一際目立つ青石は玉笹石（紀州の青石）で、六義園のフォーカルポイントとなっている。

❸ 赤玉石

岩崎彌太郎のお気に入りだった佐渡の赤玉石がさまざまなところに据えられている。

❹ 藤代峠からの風景

藤代峠は、庭園を見渡すことができる絶好のビューポイント。

六義園

Rikugien Gardens

概要

1695年（元禄8年）、五代将軍・徳川綱吉の側用人だった柳澤吉保が綱吉から下屋敷として駒込の地を拝領。柳澤が自ら設計・指揮し、7年の歳月をかけてこの地に池泉回遊式庭園を作り上げたのが始まり。六義園の名は、中国の古い漢詩集「毛詩」にある「詩の六義」から取られた。

和歌に造詣の深かった吉保は和歌や仏教、中国の古典にちなむ名勝を88カ所選び、大泉水を樹林が取り囲む庭園の中にそれらの景色を作った。明治時代に入って三菱財閥の創業者・岩崎彌太郎の所有となり、1938年に東京市に寄付されて一般公開された。1953年、国の特別名勝に指定。

住所

東京都文京区本駒込6-16-3

開園時間

9時～17時（入園は16時30分まで）

休園日

年末・年始（12月29日～翌年1月1日）

おもな植物

マツ、モミジ、ケヤキ、アジサイ、クスノキ、スダジイ、ツツジ、サツキ、シダレザクラ、サクラ

Address

6-16-3, Honkomagome, Bunkyo-ku,Tokyo

東京名庭園花図鑑

楓の花と新芽。浜離宮恩賜庭園。

桜と菜の花が咲き、春が来る。浜離宮恩賜庭園。

春、ユキヤナギの花が庭を白く染める。浜離宮恩賜庭園。

春の訪れを知らせるコブシの花。六義園。

美しいキブシの花。小石川後楽園。

春にはしだれ桜を目当てに多くの人が訪れる。小石川後楽園。

白く可憐な花を咲かせるハナモモ。小石川後楽園。

5月の庭を黄色く彩る山吹の花。小石川後楽園。

早春、ボケ（木瓜）の花。八芳園。

源平桃の花が咲き誇る春。五島美術館。

ガクアジサイの花が咲くと夏も近い。旧芝離宮恩賜庭園。

秋のバラ園に蔓薔薇の花が咲く。旧古河庭園。

Tokyo Garden 07

大彫刻家が愛した
水の景と水音

朝倉彫塑館

ASAKURA Museum of Sculpture

アトリエだけでなく、朝倉の生活空間も公開されている。書斎には天井まで蔵書がギッシリ詰まる。

Overview

朝倉芸術の源にあった自然へのまなざし

谷中の朝倉彫塑館は、明治から昭和の彫刻家だった朝倉文夫《あさくらふみお》（一八八三〜一九六四年）の自宅兼アトリエだった場所。朝倉は一九〇七年（明治四〇年）、今の場所に小さなアトリエと住まいを構える。その後周りの土地を購入し、増改築して一九三五年に現在の建物が完成した。

住居棟は二階建ての木造、アトリエ棟は三階建ての鉄筋コンクリート造。アトリエの天井の高さは八・五メートルもあり、大きな窓からは自然光が差して明るい。朝倉は代表作「墓守」や

かつて制作の場であったアトリエ。現在は展示室として公開されている。

早稲田大学の「大隈重信像」など数多くの作品を手掛けた。巨大な作品を置けるよう、朝倉は広々としたスペースを自らデザインした。

鉄筋コンクリート造の建築にしたのは、昇降機を設けるため。昇降機のピットは深さが七・三メートルもあり、電動で上げ下げして作品を制作した。当時の最先端の設備を備えた、モダンな建物だったことがわかる。

真鶴産の海石と伝わる石。寝室から眺められるところに置かれている。

屋上庭園で育んだ芸術観

住居スペースには寝室や茶室、家族団欒の部屋などがあり、落ち着く畳の和室になっている。建物で四方を囲まれた庭は、約一〇メートル×約一四メートルの広さ。そのほとんどが池になっていて、どの部屋からも水の景色と水音を楽しめるように工夫されている。水を好んだ朝倉が自ら庭を設計し、造園家の西川佐太郎が作庭した。

谷中の大井と呼ばれた井戸水を取り込んだ庭は、水と植栽と景石によって密度の高い空間が創り出されている。朝倉はこの庭に面する茶室や縁側でよく過ごしていたそうだ。

庭の中で一際目立つなめらかな大石

鉄筋コンクリート造のアトリエ棟と同じく、木造の住居棟も朝倉文夫の設計によるもの。いずれの部屋からも庭が望める造りになっている。

アトリエ棟の屋上庭園。さまざまな草花の他、ここでは現在も野菜が育てられている。

アトリエの窓のデザインもモダン。

は、神奈川県真鶴の海にあった海石と伝わる。朝倉の寝室の窓からも、この石がすぐ眺められる。彫刻家だった朝倉の庭にある石が、すべて自然石というところが面白い。長い年月をかけて作り出された自然の造形を好んだのかもしれない。

鉄筋コンクリート造の建物の一番上は、なんと屋上庭園。当時は菜園だった。朝倉は自由な発想と独自の考えを持った人で、「朝倉彫塑塾」という専門学校を主宰し、「園芸」を必修科目とした。

生徒達は実際にカブやトマト、大根などを作る園芸実習を行っていた。これは「植物を育てることは、自然を見る目を養うことに通じる」という朝倉の考えによるもの。また朝倉は「植物は土によって命を育む、彫刻もまた土によって命が吹き込まれる」とも語っていた。自然を知ることが、芸術を作り出す源になる。生徒達は、園芸が創造性に繋がることをここで体感したのだろう。

朝倉は猫好きだった。彼が作る猫をモデルにした作品には、猫に対する愛情があふれている。どの猫も愛らしく、今にも動き出しそうだ。自然や生き物を愛する朝倉の穏やかな人柄が作品に表れている。

芸術家であり、園芸家であり、教育者でもあった朝倉文夫。屋上庭園の景色を眺めながら、私も朝倉彫塑塾に通って朝倉先生から学んでみたかったな、と思った。

住居棟の一部屋から見た庭園。池を大きく取った庭を間近に感じることができる。

見どころ

Highlights

❶ 水と石の景色

朝倉は水と石を愛した。庭では、大石や飛石が水の中に浮かぶ。

❷ 屋上庭園

アトリエ棟の屋上庭園は、日本における屋上緑化の先駆け的なもの。ここで生徒達は園芸実習を行った。今も四季の草花や野菜が植えられている。

❸ 猫の間

アトリエ棟2階の「蘭の間」は元々東洋蘭を栽培する温室として設けられた部屋。現在は猫を題材とした朝倉の作品を展示しているため、「猫の間」とも呼ばれている。

❹ アトリエ棟

朝倉が設計したアトリエ棟は、モダンでユニークな建築。細部に朝倉のこだわり、美意識が行き渡り、建築物として一見の価値あり。

朝倉彫塑館

ASAKURA Museum of Sculpture

概要

彫刻家・朝倉文夫のアトリエ兼自邸。1907年（明治40年）、東京美術学校を卒業した朝倉は谷中にアトリエと住居を構えた。敷地拡張や増改築を経て、現在の建物は1935年に建てられたもの。現在は台東区に移管され、朝倉の作品やコレクションを展示する美術館として公開されている。

アトリエと住居に囲まれた中庭は、朝倉の考案を基に造園家・西川佐太郎が完成。南北約10メートル、東西約14メートルの庭のほとんどが豊かな水で満たされており、朝倉の自然観、芸術観を窺うことができる。屋上に作られた庭園は、日本の屋上緑化の初期の例。2001年には建物が国の有形文化財に、2008年には敷地全体が国の名勝に指定された。

住所

東京都台東区谷中7-18-10

開館時間

9時30分～16時30分（入館は16時まで。入館時に靴下の着用が必要）

休館日

月・木曜日（祝休日と重なる場合は翌平日）、年末・年始、展示替え期間

おもな植物

オリーブ、アガパンサス、ナシ、ザクロ、バラ、ムラサキシキブ、ホタルブクロ、ジュウニヒトエ、キスゲ、モミジ、ビワ、マユミ、ヒメウツギ、サルスベリ、ウメ、ムクゲ

Address

7-18-10, Yanaka, Taito-ku, Tokyo

Tokyo Garden | 08

名建築家の洋風庭園と
名作庭家の日本庭園を楽しむ

旧古河庭園

Kyu-Furukawa Gardens

洋館前のバラ園。シンメトリーな花壇が美しい。

Overview

水の景に仕組まれた小川治兵衛の技

西ケ原にある旧古河庭園のシンボルである美しい洋館は、一九一七年（大正六年）、古河財閥三代目当主の古河《ふるかわ》虎之助《とらのすけ》の時に建てられた。設計は、ジョサイア・コンドルという鹿鳴館やニコライ堂、三菱一号館など、明治・大正期に数多くの洋館を設計したイギリス人建築家。黒の落ち着いた外壁は、神奈川県真鶴の新小松石が使われている。

旧古河庭園はバラ園で有名だが、この洋風庭園もコンドルのデザイン。彼が設計したオリジナルの図面が残って

旧古河庭園のシンボルとなっているジョサイア・コンドル設計の洋館。外壁は神奈川県真鶴の新小松石。

いる。傾斜を利用してテラス状になった庭園は、ルネッサンス期に成立したイタリア庭園様式。そして、毛氈《もうせん》花壇といわれる生垣で囲まれた幾何学模様の花壇はフランス庭園様式。ふたつの様式がひとつの庭園に今も残っているというのはとても珍しい。

石組に残る職人達の仕事

池泉回遊式の日本庭園は、一九一九年（大正八年）、京都の無鄰菴《むりんあん》や平安神宮の神苑の庭園を手掛けた七代目小川治兵衛の手により完成した。この庭園によって治兵衛は東京進出を果たす。

庭の造営には、東京の職人達が多く携わった。それがよくわかるのが、富士山の溶岩石である黒ボク石を使った

青石を使った枯滝石組。今にも水が流れてきそうな迫力。

石組の景色。

「わざわざ黒ボク石をひっくり返して平らな方を表にし、凹凸の面が目立つほうを裏にしています。それらを組み合わせ、ひとつの大きな岩に見せているんですよ」と、庭の管理をされている旧古河庭園副サービスセンター長の古山道太さんが教えてくださった。

百年経っても石組は崩れておらず、細やかな職人の技を感じる。あまり目立たず足を止める人も少ないが、ここから眺める新小松石の洋館と富士山の黒ボク石の石組は、シックで美しいコントラストになっている。

日本庭園の見どころのひとつは、大滝と沢渡石《さわたりいし》。沢渡石は川や池を渡るために据えられた飛石のこと。小川治兵衛の得意技で、彼が手掛けた庭園でよく見られる。また、大きな一枚岩を使った滝石組は迫力ある景色を作り出している。

池を挟んだ向こう側には、枯滝石組がある。この枯滝からちょうど大滝が見え、水のないところから水の景色を眺めるという演出になっている。小川治兵衛の庭はこういったところが面白い。

ジョサイア・コンドルと小川治兵衛のコラボレーションが楽しめるのは日本中でここだけ。偉大な建築家と作庭家の作品を同時に見ることができる貴重な場所だ。

関東大震災が起こった時、古河虎之助は都心からの避難者のために本館を開放し、救療所にした。また庭園にバラック住宅を建て、避難者に提供した。この場所が地震や東京大空襲の戦火から逃れ、再び美しい庭園として蘇ったのは、彼の徳のある行いのお陰なのかもしれない。

富士山の溶岩石である黒ボク石を使った石組。小さな石を組み合わせ大きな岩に見せている。

日本庭園の滝石組。

秋の旧古河庭園、日本庭園。

見どころ

Highlights

❶ バラ園

旧古河庭園のバラ園には、色とりどりの約100品種のバラが植えられている。毎年5月、10月は「バラフェスティバル」が行われ、多くの人で賑わう。

❷ 洋館

古河虎之助の邸宅だった洋館はジョサイア・コンドルの設計。館内の食堂だったところは現在喫茶室になっていて、お茶がいただける。館内の見学も可能。

❸ 洋風庭園

ジョサイア・コンドルの設計による洋風庭園は、テラス状になったイタリア庭園様式と、幾何学模様のフランス庭園様式の2つの形式。

❹ 日本庭園

洋風庭園を降りていった先にある日本庭園は、七代目小川治兵衛の作庭。心字池や滝、沢渡石など、水の景を作ることを得意とした小川治兵衛の技が窺える。

旧古河庭園

Kyu-Furukawa Gardens

概要

明治の元勲・陸奥《むつ》宗光《みねみつ》の邸宅が古河家に所有が移り、古河財閥3代目当主の古河虎之助が周囲の土地を購入して自邸として整備を開始した。1917年（大正6年）、ジョサイア・コンドル設計による洋館と洋風庭園が竣工。1919年（大正8年）に七代目小川治兵衛の作庭による日本庭園が竣工した。第二次大戦後、財閥解体に伴い国有となり、1956年に都立庭園となった。

バラ園で知られる洋風庭園は、イタリア庭園様式とフランス庭園様式が合わさった珍しいもの。洋風庭園の先にある日本庭園では、小川治兵衛による水の演出を楽しむことができる。

住所

東京都北区西ケ原1-27-39

開園時間

9時～17時（入園は16時30分まで）

休園日

年末・年始（12月29日～翌年1月1日）

おもな植物

モミジ、シイ、ヒサカキ、ダイオウショウ、モチノキ、モッコク、ヤブツバキ、ツバキ、ウメ、サクラ、ハゼノキ、マツ、ヒマラヤスギ、ツツジ、バラ、レンゲショウマ、シャガ、ブラシノキ、ハナショウブ、ヒガンバナ、サザンカ

Address

1-27-39, Nishigahara, Kita-ku, Tokyo

Tokyo Garden 09

限られた人しか入れなかった
江戸の秘園

浅草寺伝法院

Sensoji Denboin

秋の浅草寺伝法院庭園。江戸時代の秘園は今も特別な時にしか公開されず、秘園であり続けている。

Overview

今に残す江戸時代の名園の面影

観光客で賑わう浅草、仲見世。有名な浅草寺仁王門の西側に、通常非公開の浅草寺の本坊・伝法院《でんぼういん》が静かに佇む。江戸時代、伝法院の庭園は「秘園」だった。浅草寺の僧侶、皇室関係者、将軍のみ庭に入ることを許された。今も接待の場として使われ、特別な場合にしか公開されない。まさに秘密の園なのだ。

この秘園は、寛永年間（一六二四〜一六四四年）に大名であり茶人、また江戸幕府の作事奉行（建設大臣のような役職）であった小堀遠州《こぼりえんしゅう》（本名小堀《こぼり》

小堀遠州の孫・小堀政延が奉納した石灯籠。

池のそばの五重塔が、江戸時代の庭の様子を物語る。

政一《まさかず》／一五七九～一六四七年）が作庭したと伝えられる。

明治に入って庭園は一時、東京府（現在の東京都）の管理となった。その時に東京府の公園課が庭を改修し、浅草公園として一般に公開されたので、江戸時代の面影の中に近代の新しい要素が入っている。小松石の枯滝石組もこの時に組み直された。しかし地割（区画の割り振り）は当時のまま。また庭園に残るさまざまな石造品からも、江戸時代の名園だった雰囲気が伝わる。

その中のひとつに、小堀遠州の孫の小堀政延《こぼりまさのぶ》が一六七五年（延宝三年）に奉納した石灯籠がある。小堀一族の祖父と孫が共演した夢のコラボ。また池のそばに置かれた石造の五重塔は、一八一三年（文化一〇年）に作成された絵図面の中に描かれている。江戸時代の庭の様子を物語る貴重な塔だ。

時代を超え進化し続ける庭

庭園は池泉回遊式で、池の周りを歩いて景色を楽しむ。江戸時代の借景は、上野寛永寺と富士山だった。庭には「望嶽台《ぼうがくだい》」と呼ばれる築山がある。嶽とは富士山のこと。築山に登り、富士山を眺めていたことが窺える。

借景は現在、浅草寺の鮮やかな朱色の五重塔と東京スカイツリーになった。

江戸時代の秘園の借景に、東京スカイツリーが加わった。写真は2016年の特別公開時の様子。
（写真提供：浅草寺）

池の対岸から庭園を眺めると、左に五重塔、右にスカイツリーがそびえ立つ。青空とともに池に映り込むふたつの塔はとても美しい。五重塔とスカイツリーを一緒に眺められる日本庭園はなかなかない。一瞬でタイムスリップしたような不思議な気持ちになる。

寛永年間の浅草寺境内図には、本堂の東側に五重塔、西側に三重塔が描かれている。五重塔の場所は今と反対側だった。しかしどちらも焼失し、一六四八年（慶安元年）に徳川家光《とくがわいえみつ》が五重塔を西側に再建。谷中天王寺、増上寺、寛永寺と並んで、浅草寺の五重塔は「江戸四塔」と呼ばれ、親しまれていた。

一九一一年（明治四四年）に国宝に指定されたが、一九四五年の東京大空

庭園は明治時代に大幅に改修されたが、地割は江戸初期のものが活かされている。

襲で焼失し、一九七三年に鉄骨、鉄筋コンクリート造の塔として再建された。最上層には一九六六年にスリランカの寺院から贈られた仏舎利が安置されている。

伝法院の客殿からの景色は、最近改修された。松の木が大きくなり過ぎて池の景色をブロックしていたので、専門家の意見を参考に他の場所に木を移植し、視線が池のほうに行くよう整えた。また二〇一四年以降、文化庁、東京都、台東区と協議して庭園の整備を行い、さらに美しい庭園になるよう計画されている。

江戸時代の秘園は、令和の時代もまだまだ進化していく。新旧のものが共存し、新しい景観を作り続けることが、東京庭園の宿命なのかもしれない。

庭園からは浅草寺五重塔を間近に望む。

秋、池の水面に映る紅葉が美しい。

見どころ

Highlights

❶ 五重塔と東京スカイツリー

浅草寺伝法院庭園は、五重塔と東京スカイツリーを一緒に眺められる稀な日本庭園。

❷ 枯滝石組と五重塔

築山の山頂から流れ落ちる枯滝石組は明治期に作られたもので、築山の背後にある五重塔は江戸時代からのもの。往時の庭園を偲ばせる。

❸ 芝生の築山

芝生が美しい築山。ここには元々松の木が植わっていたが、建物から眺めた時の景色のために切られた。

❹ 灯籠

庭内にはさまざまな形の灯籠が据えられており、灯籠めぐりも楽しい。

浅草寺伝法院

Sensoji Denboin

概要

金龍山浅草寺の本坊で、大玄関、客殿、使者の間、大台所、大書院、住職の間などの建築と江戸時代初期の庭園からなる。江戸時代初期には「観音院」「智楽院」と呼ばれていたが、浅草寺中興四世の宣存僧正の坊号を取り、1690年(元禄3年)頃から伝法院と称されるようになった。

庭園は、大池泉の周囲に小径がめぐらされた回遊式庭園。寛永年間(1624～1644年)、小堀遠州により築庭されたと伝わる。明治時代の整備などにより庭園は姿を変えているが、石造品などに往時を偲ぶことができる。庭園は2011年に国の名勝に、客殿など6棟が2015年に国の重要文化財に指定された。

住所

東京都台東区浅草2-3-1

拝観時間

非公開(不定期で一般公開)

おもな植物

ツバキ、クスノキ、モッコク、サザンカ、シラカシ、キンモクセイ、ケヤキ、エノキ、イチョウ、イロハモミジ、ヤマモミジ、オオシマザクラ、ウメ、クロマツ、カヤ、ソメイヨシノ、シダレザクラ、シダレヤナギ

Address

2-3-1, Asakusa, Taito-ku, Tokyo

Tokyo Garden 10

東京の真ん中に浮かぶ
江戸時代の楽園

旧芝離宮恩賜庭園

Kyu-Shiba-Rikyu Gardens

JR 浜松町駅北口から徒歩1分の近さにある旧芝離宮恩賜庭園。

Overview

庭を訪れると見えてくる古人の想い

東京の大名庭園はビルの中に存在し、建ち並ぶビル群が庭園の池に映り込む。旧芝離宮恩賜庭園も浜松町駅のすぐ近くにあり、周りの景色はビル、看板、高速道路、モノレールとせわしない。その人工物の中にポッカリと江戸時代の庭園がある。そこだけが歴史の流れを感じさせて、ホッとする。

京都で生まれ育った私は、街の歴史を感じさせるものがないと落ち着かない。この庭園の内と外との景観の違いが、東京の四〇〇年の歴史のダイジェストになっている。江戸時代の価値観

都会のオアシス・旧芝離宮恩賜庭園の池に鴨もくつろぐ。この池は、かつては海から水を引き入れた「潮入りの池」だった。

で作られた庭を眺めながら、今の価値観で作られた街の景色を見ると、変わるもの、変わらないものが見えてくる。

旧芝離宮恩賜庭園は、江戸時代、老中だった大久保忠朝《おおくぼただとも》（一六三二～一七一二年）の上屋敷「楽寿園《らくじゅえん》」だったところ。一六七八年（延宝六年）、忠朝は四代将軍の徳川家綱《とくがわいえつな》からこの土地を拝領した。

庭園はエンターテイメントな役割を果たす場所だった。ゲストをもてなし、楽しく過ごすしかけが施されている。旧芝離宮は池泉回遊式の庭園で、池が庭のメインとなる。周りを歩いて楽しめるように、見晴らしの良い築山や石組などが作られた。

当時、ここの池は海から水を引き入れた「潮入の池」になっていた。しかし埋め立てによって海がどんどん遠くなり、海水を引き入れることができなくなった。本来は引き潮と満ち潮で池の景色が変わり、沢渡りが現れたり、護岸の様子が変わる工夫がされていた。護岸の黒い石は、富士山の溶岩石の黒ボク石。これを使うことで、海の入江の風景を表現した。東京の庭園にはこの黒ボク石がよく使われている。

権勢が偲ばれる石の見せ場

庭に貴重な水を引き入れることがで

きるのは、富や権力の象徴だった。そして沢山の石を庭に運び入れることも、権力者にしかできない贅沢なことだった。

旧芝離宮庭園には石を使った見せ場が多い。入口から池を挟んだ向かいにある「根府川山」には、ゴツゴツした根府川石が無数に置かれている。

根府川石は小田原市根府川で産出される石で、溶岩流が固まってできたもの。大久保忠朝が小田原藩主だったため、大量の根府川石を運ぶことができた。板状に割れやすい石なので、大きな鉄板のような根府川石が敷石としてもよく使われる。ここの庭にも、大きな根府川石の飛石が据えられている。「鯛橋」というおめでたい鯛の形をした石橋も、この根府川石だ。

池の護岸には、富士山の溶岩石である黒ボク石が使われている。

根府川石が豊富に置かれた「根府川山」。

中島に向けて架けられた「西湖の堤」。江戸時代の中国趣味が窺える。

池の中央を横切る「西湖《せいこ》の堤《つつみ》」は、中国の景勝地・西湖に架かる堤を再現したもの。襖絵などにも「西湖図」はよく描かれており、当時の憧れスポットだった。今でいうと、ハワイの景色を模したり、バリ島のリゾートっぽくしたりする感覚なのかもしれない。

庭の南東にある「唐津山」は、大久保忠朝が肥前唐津藩第二代藩主であったのでその名が付けられたという。大久保は唐津の海の景色をここに再現して、昔を懐しんでいたのかもしれない。

大名庭園には、庭を作った大名や当時の人々の想いが詰まっている。庭を訪れると、四〇〇年後の今でもその想いを知ることができるから面白い。昔の人の価値観を共有することで、見えてくる景色がある。

浜松町のビル群が借景となる旧芝離宮恩賜庭園。

見どころ

Highlights

❶ 4本の柱

戦国武将・松田《まつだ》憲秀《のりひで》旧邸の門柱を運び入れたもの。5代将軍綱吉を招いた際に茶室を築き、その柱として使われたと推定されている。

❷ 鯛橋

根府川石の一枚石で造られた「鯛橋」は、鯛の形をした縁起のいい橋。

❸ 根府川石の巨石

園内には小田原藩主だった大久保忠朝が藩地の根府川から運ばせた巨石が多く置かれている。根府川は今も良石の産地として有名。

❹「潮入の池」の名残り

海水を引き入れていた堰が今も残り、往時を偲ばせる。

旧芝離宮恩賜庭園

Kyu-Shiba-Rikyu Gardens

概要

明暦年間（1655～1658年）の頃に海面を埋め立てた土地を、1678年（延宝6年）に老中・大久保忠朝が4代将軍徳川家綱から拝領。幕末頃に紀州徳川家の芝御屋敷となり、有栖川宮家の所有に移ったのち、1875年（明治8年）に宮内省が買い上げて芝離宮となった。1924年（大正13年）1月に、皇太子（昭和天皇）のご成婚記念として東京市に下賜され、園地の復旧と整備を施して同年4月に一般公開。

池泉回遊式の庭園は大久保忠朝が屋敷を建てるにあたり藩地の小田原から庭師を呼んで作ったといわれ、池を中心に小田原の根府川石などが配されている。1979年、国の名勝に指定されている。

住所

東京都港区海岸1-4-1

開園時間

9時～17時（入園は16時30分まで）

休園日

年末・年始（12月29日～翌年1月1日）

おもな植物

クロマツ、クスノキ、タブノキ、サツキ、サクラ、フジ、ハナショウブ、キキョウ、インドハマユウ、ツワブキ、ヒガンバナ

Address

1-4-1, Kaigan, Minato-ku, Tokyo

Tokyo Garden | 11

赤坂のビルに収まった
イサム・ノグチの傑作庭園

草月会館

Sogetsu Kaikan

花と石と水の広場「天国」。丹下健三とイサム・ノグチによる美しい空間。

Overview

重さを感じさせない浮遊感のある石庭

赤坂の草月会館は一九七七年に建てられた、いけばな草月流の総本部。一九二七年に創設された草月流の五〇周年を記念して、建築界の巨匠・丹下健《たんげけん》三《ぞう》によって設計された。現在の建物は二代目。初代の建物も一九五八年、丹下によって設計されている。

一階の吹き抜けの空間に作られた花と石と水の広場「天国」は、一九七八年、彫刻家のイサム・ノグチによって設計された。草月流の創始者・勅使河《てしが》原蒼風《はらそうふう》とイサム・ノグチは一九五〇年代からの知り合い。ノグチへの庭の依

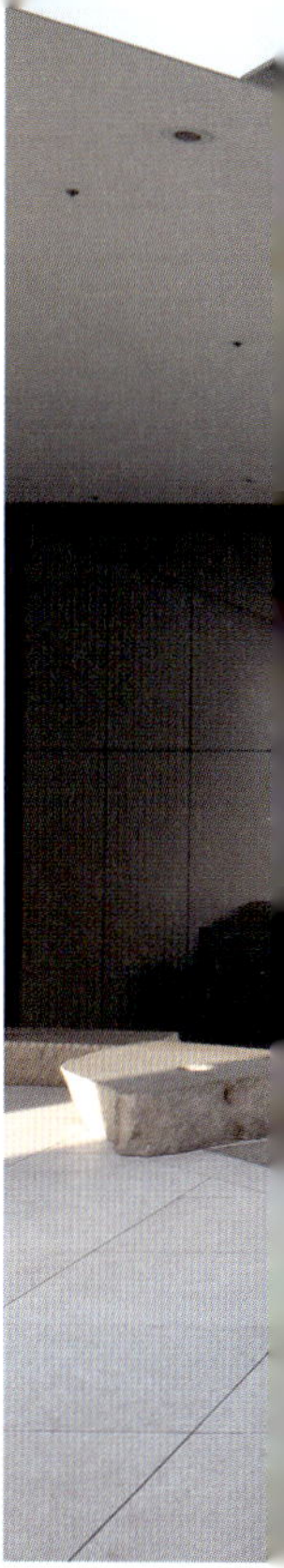

最上階にある残念石と呼ばれる石。大坂城の石垣のために切り出されたが使われなかったもの。

頼は、亀倉雄策《かめくらゆうさく》と相談した上で決まったという。亀倉は日本を代表するグラフィックデザイナーで、一九六四年の東京オリンピックのシンボルマークや大阪万博のポスターなども制作した人物。蒼風と亀倉はとても仲が良く、写真家の土門拳《どもんけん》と三人で「長男蒼風、次男土門、三男亀倉の三兄弟」と名乗っていたほどだった。「三人三様」という共著も三人で出版している。

　ノグチが依頼を引き受けた時、すでに草月会館の建設は進められていたが、丹下健三は快く同意した。また蒼風がノグチに注文したことは「花を活ける窪みを作ってほしい」ということだけ。ノグチも蒼風からの絶対的な信頼に感謝し、「これにまさる友情の絆があるだろうか」といっている。

生き方が生んだ作品の美

　ノグチはこの庭園に合う日本の石を探し歩いた。濃い灰色の石は、瀬戸内海の北木島《きたぎしま》の古い石掘場跡で見つけた北木石。白色の稲田石や、最上階には茶色の小豆島石なども使われている。石彫・加工は香川県高松市牟礼にあるノグチのアトリエで行い、東京まで一一トントラックで二十数回運んだ。

　最上階の蹲踞《つくばい》は、ノグチが最もこだわったもの。錆色の石が水に濡れると表情が変わり、とても美しい。モダンな酒船石のようなデザインも素敵だ。

花と石と水の広場「天国」は、赤坂・草月会館のエントランスを入った1階の大空間・草月プラザにある。

ここから湧き出した水が、下の階まで流れる。この傾斜も、何度も水を流して決められた。最上階には太閤石、別名残念石と呼ばれる石がひとつ置かれている。これは豊臣秀吉の時代、大坂城の石垣のために切り出されたが使われなかった石。これもノグチが気に入ったものだ。

ノグチがデザインした、石と組み合わさった木のベンチがとてもカッコいい。このベンチに座るとホッと落ち着く。ニューヨークのイサム・ノグチ美術館で、岡山の万成石《まんなりいし》と木の板を組み合わせた「The Footstep（仏足石）」（一九五八）という作品を見たことがあるが、息を呑むほど美しかった。ノグチは石と木の素材の組み合わせでも素晴らしい作品を生み出している。

イサム・ノグチがこだわった最上階の蹲踞。錆色の手水鉢からあふれた水が酒船石を思わせる溜まりを経て、階下に流れていく。

丹下健三はこの空間をすべて白い壁にした。これは「浮遊感」を出すため。階段から眺めると、石庭がフワリと軽やかに見える。天窓と窓から自然光が差し込むと、「天国」という名前に相応しい神々しい景色が広がる。勅使河原蒼風、丹下健三、イサム・ノグチという時代を風靡した芸術家達の美意識が集まった空間。同じ時代にこれだけの人物が揃うことも奇跡だ。

ノグチの作品の石工として活躍し、石探しにも同行した和泉正敏氏は、こんなことを語っている。「ノグチ先生は生き方が綺麗だから、作品も美しいんです。本人と一緒で苦労の跡を見せていないでしょ」。美しく、かつ苦労の跡を見せない。これも庭園が軽やかに見える理由なのかもしれない。

石と木を組み合わせたベンチ。デザイン性に優れているだけでなく、座り心地もいい。

花と石と水の広場「天国」。シンプルさと多様性が同居した見事な空間構成を見せる。

見どころ

Highlights

❶ 光の設計

イサム・ノグチは、光の設計に細心の注意を払った。天井の明かり取りと最上階の窓から入る自然光、それに天井のライトが、繊細に組み合わされている。

❷ イサム・ノグチによる石の造形

花と石と水の広場「天国」は、イサム・ノグチの作品が集まった庭でもある。作品は香川県高松市牟礼のアトリエで作られ、東京まで運ばれた。

❸ 水のサウンドスケープ

最上階の蹲踞から1階まで水が流れ落ち、水音によるサウンドスケープが広がる。

❹ カフェからの風景

草月会館の2階にはカフェ「コーネルコーヒー」があり、花と石と水の広場「天国」を眺めながらくつろぐことができる。

草月会館

Sogetsu Kaikan

概要

1958年、赤坂の青山通り沿いに、いけばな草月流の総本部・草月会館（旧）が開館する。設計は、草月流の創始者・勅使河原蒼風と親交のあった丹下健三。1977年、草月流の50周年を記念し、同じく丹下健三の設計により現在の草月会館が竣工した。

草月会館1階の大空間·草月プラザにあるのが、イサム·ノグチによる「花と石と水の広場「天国」」。彫刻家であり造園家でもあったノグチは、瀬戸内海の北木石などを用いてユニークな石庭を完成させた。この石庭は草月流いけばなの展示空間としてはもちろん、展覧会、パフォーマンスなど、さまざまなジャンルのアーティストが作品を発表する場となっている。

住所

東京都港区赤坂7-2-21

開館時間

9時30分～17時30分

休館日

土・日・祝日

Address

7-2-21, Akasaka, Minato-ku, Tokyo

手の届く距離から眺める くつろぎの庭

山本亭

Yamamoto-Tei

座敷でくつろぎながら庭を一望できるのが山本亭の大きな魅力。

Overview

庭の美を作る 茶人の「もてなしの心」

柴又といえばフーテンの寅さん。柴又駅から、寅さんの映画のワンシーンのような参道を抜けると、浮き彫りの装飾が美しい柴又帝釈天《しばまたたいしゃくてん》（題経寺《だいきょうじ》）の二天門が現れる。そのすぐ近く、寅さん記念館の隣に山本亭がある。

ここは合資会社山本工場（カメラ部品メーカー）の創立者・山本栄之助の住居だったところ。一九二六年（大正一五年）に建てられ、一九三〇年までに増改築を重ねて今の姿となった。

豪奢な書院造の建物の窓には大きな

大正ガラスが使われ、座敷から庭を一望できる。ここが山本亭の大きな魅力で、庭を眺めながらお茶とお菓子をいただける。

支配人の吉《よし》田《だ》和《わ》嘉《か》子《こ》さんにお話を伺った。「山本亭のお庭は、遠くから眺める庭ではなく、手が届く庭。そして皆さんにゆっくりくつろいでいただけるお庭です」

くつろげる庭には理由がある。吉田さんは茶人であり、山本亭の茶室でお茶会をされていたご縁でここの支配人となり、一八年間山本亭を見守ってこられた。「庭の状態を常に見続ける人が必要です。良いお庭を維持するためには、美意識の〝視点〟が大切ですから」

木の剪定や庭のお手入れの際には、庭が綺麗に保たれているか必ず確認されるそうだ。その甲斐あって、アメリカの専門誌「Sukiya Living」が選ぶ日本庭園ランキングで二〇一四年から四年連続で第三位に選ばれた。

建物は、書院造に西洋建築の要素を取り入れた大正時代の名建築。欄間にも繊細な意匠が施されている。

滝の水音にも気配り

ここの庭園は、家の中から楽しめるように作られた書院庭園。目の前に池が広がり、家の中で座って眺めた時に庭が一番美しく見えるようデザインさ

松の雪吊りを終え、冬を迎えようとする山本亭庭園。

茶室では山本亭主催の茶会が折々に開かれている他、一般の利用も可。茶道具の無料貸出も行われている。

冬の山本亭の庭園。
サザンカの花。

れている。主木に赤松が植えられ、常緑樹が中心の落ち着いた庭だ。庭の奥にはフォーカルポイントとなる滝が流れ、広々とした奥行きを感じさせる。

この滝の背景の石はとても珍しいもので、黒ボク石を集めて一枚岩にしたもの。黒い石が背景となって、滝の美しさを引き立てている。とても凝った演出だ。

池には石橋が四つかかり、伊予青石や鞍馬石などの名石も多く使われている。山本栄之助が石にこだわってこの庭を作ったことがわかる。

座敷に座ると、滝の水音が聴こえて心地良い。この滝の水量も吉田さんが決めておられる。見た目と水音にちょうど良い水の量があるそうだ。茶人のおもてなしの心が、庭の美しさと心地良さに繋がっている。

東京で、日本建築の座敷でお茶をいただきながら日本庭園を楽しめることは貴重。ここは家族連れも多く、さまざまな年齢層の人が庭を楽しんでいる。山本亭の「美しさとくつろぎの庭」が多くの人に愛されていることがよくわかる。

山本亭では観桜茶会や月見茶会など、季節を感じることができるお茶会が定期的に開催されている。「初心者の人にも参加しやすい会なので、ぜひ楽しんでいただきたいです」。お茶室も美しいので、ぜひ足を運んでほしい。

柴又、山本亭の庭園。アメリカの専門誌のランキングで常に上位にランクされるなど、海外の評価も高い。

見どころ

Highlights

❶ 松の雪吊り

11月には冬の名物詩となっている松の雪吊りが行われる。放射状に伸びた美しい吊り縄が、他の季節にはない庭の表情を作る。

❷ 名石の数々

庭には、伊予青石、秩父赤石、新鞍馬石、三波石など、山本栄之助が各地から集めた名石が据えられている。

❸ ガラス窓の細工

山本亭は、大正から昭和初期の住宅建築がほぼそのまま残されていて貴重。建物には細部に意匠が施されており、ガラス窓の細工も美しい。

❹ 洋間「鳳凰の間」

山本亭の旧玄関脇には、「鳳凰の間」と呼ばれる洋室がある。応接室として使われていた部屋で、寄木を用いたモザイク模様の床、ステンドグラスの窓などが美しい。

山本亭

Yamamoto-Tei

概要

カメラ部品メーカーである山本工場の創立者・山本栄之助が浅草の小島町に自邸を建設。1923年(大正12年)の関東大震災を機に、現在の柴又の地に移転した。葛飾区が登録有形文化財に指定して1988年に取得、1991年から一般公開されている。

建物は書院造に西洋建築を取り入れており、大正末期の佇まいを今に伝える貴重なもの。約900平方メートルの庭園は典型的な書院庭園で、縁先に池を配し、背景に常緑樹が広がり美しい。アメリカの専門誌「Sukiya Living」のランキングで常に上位にランクされており、国際的に高い評価を得ている(庭園には下りられず、建物からの見学)。

住所

東京都葛飾区柴又7-19-32

開館時間

9時～17時

休館日

毎月第3火曜日(祝日・休日の場合は直後の平日)、12月第3火・水・木曜日

おもな植物

サンシュユ、ウメ、ソメイヨシノ、ツツジ、サツキ、フジ、ガクアジサイ、ノリウツギ、カキツバタ、ハナショウブ、シャガ、ツワブキ、ヒガンバナ、スイレン、ハス、マツ、シイノキ、ヤブツバキ、ケヤキ、ムクノキ、イロハモミジ

Address

7-19-32, Shibamata, Katsushika-ku, Tokyo

東京名庭園 石&石造物図鑑

伊豆磯石の奇岩。形も色も美しい。清澄庭園。

形がとてもユニークな滝見の茶屋前の石。六義園。

摂津御影石の九重塔。清澄庭園。

紀州青石。形が非常に美しい。国際文化会館。

縁側の前に置かれた手水鉢。朝倉彫塑館。

九重塔と石羊。朝鮮半島では、古代より貴人の墳墓の周りに石造物を飾った。五島美術館。

ホテルニューオータニの庭園には、貴重な佐渡の赤玉石が多く置かれている。

国際文化会館の庭園には岩崎小彌太が集めた数々の名石が据えられている。写真は真鶴の本小松石。

大水鉢「量救水」。旧東海道の日ノ岡峠にこの水鉢を据えた木食の名が彫られている。ホテル椿山荘東京。

伊藤若冲の下絵による羅漢石はどこかユーモラス。ホテル椿山荘東京。

「見ざる、言わざる、聞かざる」の三猿が彫られた庚申塔。五島美術館。

五島美術館の庭園に置かれた道標。「東 右京江戸」「南 紀州くまの」の字が読める。

優しい表情の石仏。五島美術館。

Tokyo Garden | 13

一木一草に至るまで
実業家がこだわり抜いた庭
八芳園

Happo-En

久原房之助の自邸だった「壺中庵」。現在は料亭として使われている。

Overview

今も人々を癒し続ける「別天地」

結婚式場・宴会場として知られる八芳園は、白金台の丘陵地を利用して造られている。庭園は、緩やかな斜面を利用したサツキの刈り込みが広々とした景色を作っていて、美しい。池の部分は元々川の跡だった。

江戸時代、ここには徳川家康の家臣だった大久保彦左衛門《おおくぼひこざえもん》の屋敷があった。明治末に実業家の渋沢喜作《しぶさわきさく》（渋沢栄一《しぶさわえいいち》のいとこ）が所有するが、一九一五年（大正四年）、日立製作所の創設者・久《く》原房之助《はらふさのすけ》（一八六九〜一九六五年）がこの地を購入する。久原は久原鉱業所

池の端の新緑がまぶしいばかりの、初夏の八芳園庭園。

(日立鉱山)を所有し、「鉱山王」と呼ばれた人物。政界にも進出し、「政界の黒幕」とも呼ばれた。

久原は、この場所に植えられていた松に一目惚れして購入を決めたといわれる。今もこの松は、園内の料亭「壺《こ》中庵《ちゅうあん》」の前にある。樹齢四〇〇年といわれ、大久保彦左衛門が徳川家康から賜ったものと伝えられる。久原は後に「あの松一本に惹かれたのだよ」と語るほどお気に入りだったようだ。

壺中庵は久原の屋敷だった建物で、当時は「日本館」と呼ばれていた。一九九四年、遠藤周作により「壺中庵」と命名された。これは「壺中の天」という言葉より来ており、俗世間とは異なった別天地、別世界という意味だ。

茶室「夢庵」では、散策の途中でお茶をいただくことができる（立礼席の呈茶は予約不要。立礼席、座敷席のお点前は要予約）。

考え抜かれた建物の配置

久原房之助は周囲の土地も買い求め、最終的に一万二〇〇〇坪の庭園となった。彼の庭園へのこだわりは凄い。木の剪定なども決して庭師任せにせず、自ら細かな指示を与えた。また、園内のお茶室やあずまやの配置も熟考されている。久原は、「お茶屋だって、庭を散歩して一服したいところに置いてある。湖畔のあずまやだって、そこで一休みするのに一番良い場所に配置してあるのだ。家と庭はふたつであって、ひとつになっている状態が好ましい。調和を考え適材を適所に配すること。それこそ肝要なのだよ」と語っている。

茶室「霞峰庵《かほうあん》」は、玉川の旧久原邸にあったものを移築。茶室「夢庵《むあん》」は、明治時代に生糸の貿易商・田中平八が横浜に建てたものを移築している。久原は「解体するとつくりが狂う」と、夢庵を解体せずにそのまま横浜から運ばせたという。その際に邪魔になる電柱をすべて抜いたという、ものすごいエピソードまである。

久原は石造美術品も多く蒐集した。園内には「国東石幢《くにさきせきどう》」（石幢とは石塔のひとつで、六角や八角の石柱、仏龕《ぶつがん》と呼ばれる仏像などを安置する厨子、笠、宝珠などで構成される）と呼ばれる南北朝時代のものや、三重県の伊賀から移した二〇〇〇年以上前の「十三重塔」がある。

一九五〇年、久原は銀座周辺で割烹や旅館、喫茶などの飲食店を経営して

緑がまばゆい初夏の八芳園庭園。

園内には石造美術品も多く置かれている。写真は三重県の伊賀から移された「十三重塔」。

いた長谷敏司《はせとしつか》に庭園の一部と屋敷を提供し、共同経営をスタートさせた。これが現在の八芳園の始まり。「八芳園」という名前は、長谷の店が八の日に開業していたこと、ここの庭がどの方向（八方）から眺めても美しいこと、「ハッポー、ハッポー」という響きが良い、などの理由から久原が命名した。

久原がこの時出した条件は、「庭の一木一草たりとも勝手に動かしたり切ったりしないこと」というもの。彼がどれだけ庭園を大切にしていたかがわかる。

そしてこの約束は今も守られ、一本の木も動かされていない。久原が作り上げた庭園は、今も「別天地」なのだ。

八芳園庭園。サツキが斜面を埋め尽くすように咲く。

見どころ

Highlights

❶ 四季の彩り

八芳園庭園では、春には桜、春から初夏にかけてツツジとサツキ、秋にはモミジと、鮮やかな四季の彩りを楽しむことができる。

❷ 水の景

「ガーデンチャペル」脇の滝石組から発する水の流れが庭園中央の池まで流れ込み、豊かな水の景を作っている。

❸ あずまや

八芳園庭園にある4つのあずまやは、庭のポイント。散策の途中での休憩に使えるだけでなく、趣深い景色を作っている。写真はあずまやの1つ、水亭《すいちん》。

❹ 盆栽コレクション

「壺中庵」の庭沿いに並ぶ盆栽も、庭の見どころのひとつ。中には樹齢500年以上の逸品も。

八芳園

Happo-En

概要

江戸時代初期に徳川家康の側臣・大久保彦左衛門の屋敷だったところが島津式部の抱屋敷、松平薩摩守の下屋敷となり、明治の末には実業家の渋沢喜作が所有。1915年（大正4年）、日立製作所などの基礎を築いた実業家・久原房之助が自邸とする。1950年、屋敷と庭園の一部を利用して料飲店を共同経営することを久原が飲食店経営者・長谷敏司に提案。株式会社八芳園がスタートした。1954年には久原が退き、長谷家の所有となった。

庭園は久原が自邸とした時に構想し、白金台の自然の丘陵と小川の跡を利用した園内に久原が各地から集めた名木や名石、石造美術の名品が配されている。

住所

東京都港区白金台1-1-1

開園時間

10時～22時頃

休園日

年末・年始・夏季期間

おもな植物

シダレザクラ、ヤエザクラ、ヨシノザクラ、ギョイコウ、ツツジ、サツキ、アジサイ、ハクバイ、コウバイ

Address

1-1-1, Shirokanedai, Minato-ku, Tokyo

Tokyo Garden 14

岩崎彌太郎コレクションが並ぶ
景石の美術館

清澄庭園

Kiyosumi Gardens

富士山に見立てた築山のふもとにある「枯滝石組」。池の対岸にあった和館の中からも眺められるよう、大きく作られた。

Overview

庭との距離が近い五感で楽しむ庭園

清澄庭園は江戸時代、豪商・紀伊國《きのくに》屋《や》文左衛門《ぶんざえもん》の屋敷があったと伝えられる場所。享保年間（一七一六〜一七三六年）に下総国関宿藩主・久世広之《くぜひろゆき》の下屋敷となり、この時に大体の庭の形が作られた。一八七八年（明治一一年）に三菱財閥創業者の岩崎彌太郎《いわさきやたろう》が荒廃していたこの地を購入し、一八八〇年（明治一三年）、三菱社員の慰安と来賓者をもてなすための「深川親睦園」を開園する。

彌太郎は隅田川の水を引いて園内の大泉水を作り、全国から集めたご自慢

の名石をここに持ってきた。彌太郎は、海運業で成功した人物。清澄庭園には、岩崎家が自社の汽船で集めた全国の名石が置かれている。庭園の周りには隅田川の支流が沢山あり、舟で石を運ぶには抜群の立地だった。敷地面積は三万坪。当時は隣の清澄公園も敷地の一部だった。

彌太郎の弟で二代目の彌之助《やのすけ》は、一八八九年（明治二二年）、河田小三郎設計の和館とジョサイア・コンドル設計の洋館を建て、その二年後に庭園を完成させる。残念ながら関東大震災でどちらの建物も焼失してしまった。

清澄庭園は、景石《けいせき》（自然石の中から形の良いものを選び、重要な場所に用いた庭石）の美術館だ。特に珍しいのは、鮮やかな赤色の佐渡赤玉石。赤玉石は佐渡産のものが一番上質な上、今は採石禁止なのでとても貴重だ。当時はこの赤玉石一個で家が一、二軒買えたという話も聞かれる。

橋脚型水鉢近くに置かれた佐渡赤玉石。

園内を彩る全国の名石

庭園の見どころは、約三メートルもある紀州青石を使った「枯滝石組」。富士山に見立てた築山のふもとに大きな紀州青石を組み、富士川の大滝の様子を表している。石の模様が本当の水の流れのようだ。彌太郎は佐渡赤玉石と紀州青石が大好きだったようで、六義園にもこれらの石を据えている。

またこの庭園の大きな魅力は、池の

磯渡りからは美しい伊予青石や、岩崎彌太郎の屋敷の柱の跡が残る石も見ることができる。

水際を渡れる「磯渡り」。一般的に水を渡る飛石のことを「沢渡り」というが、ここは海の磯を思わせる風景なので「磯渡り」と呼ばれる。紀州青石、根府川石などの飛石を渡ると、水面から広がる景色を眺められる。

冒険心をくすぐられる磯渡りは子供達にも大人気。三つの表情の異なる磯渡りを清澄庭園は自由に行き来でき、とても楽しい。柱の跡が残る石も見ることもでき、彌之助が建てた和館が池に張り出していたことがわかる。

案内してくださった職員の井上《いのうえ》直生《なおお》さんに、清澄庭園で一番お好きな石をお聞きしたところ、「相州《そうしゅう》加《か》治《じ》屋《や》石《いし》」とのことだった。相州とは相模国（現在の神奈川県）のこと。瓦礫が固まってさざれ石のように見える黒石で、このものは表面が苔むし、なんともいえない味がある。庭石として使われるのは珍しい石で、なかなか通なセレクトだ。井上さん達は毎日巡回し、石を磨いておられる。「名石が見どころの庭園なので、やっぱり石が綺麗じゃないと」とニコニコと語られるところに、石への愛情をひしひしと感じる。鳥のフンなどで毎日汚れるので、欠かせない作業だそうだ。

庭園入口近くにある、摂津御影石のナツメ型手水鉢。その大きさから、当時の建物がいかに大きかったかがわかる。火をかぶり表面が変色し剝離している。

清澄庭園は、訪れた人と庭との距離が近い。美しい景色を楽しむだけでなく、池の水を手で触ったり、園内の石を触ることができる。ここは五感で楽しむ庭。明治時代に親睦園として人々がくつろいだ庭園は、今も変わらず人々を癒し続けている。

池に張り出すように建つ涼亭《りょうてい》。1909年（明治42年）、三菱財閥３代目の岩崎久彌《いわさきひさや》が国賓として来日したイギリスのキッチナー元帥を迎えるために建てられた数寄屋建築。縁側にテーブルを置き、フレンチのフルコースでもてなした。

初秋の清澄庭園。池を渡る「磯渡り」の周りでも紅葉が始まる。

見どころ

Highlights

❶ 磯渡り

清澄庭園には「磯渡り」が3カ所あり、いずれも歩いて渡ることができて楽しい。写真の「磯渡り」は、備中御影石、伊豆磯石、伊予青石などが組み合わされている。

❷ 池の壮大な景色

3万7000平方メートルある敷地の真ん中には広大な池が広がり、壮大な景色を作っている。

❸ 紅葉のハゼの木

清澄庭園では、秋にハゼの木が燃えるような紅葉を見せて見事。

❹ 鳥や亀などの動物

自然あふれる清澄庭園は、アオサギ、キンクロハジロ、鴨などの鳥が見られるバードウォッチングスポット。池では亀の姿を見ることもあり、動物達の姿に心がなごむ。

清澄庭園

Kiyosumi Gardens

概要

江戸の豪商・紀伊國屋文左衛門の屋敷跡と伝えられる地が享保年間（1716～1736年）に下総国関宿の藩主・久世広之の下屋敷となり、岩崎彌太郎が1878年（明治11年）に買い取って庭園造成を計画。1880年（明治13年）に「深川親睦園」として竣工した。その後も造園工事は進められ、明治の庭園を代表する回遊式林泉庭園となった。

関東大震災の翌年、庭園の持つ防災機能を重視した岩崎家が破損の少なかった東側半分（現在の庭園部分）を公園用地として東京市に寄付し、1932年に東京市が一般公開。1979年、東京都の名勝に指定された。園内には岩崎彌太郎が全国から集めた名石が配され、石の景を存分に楽しむことができる。

住所

東京都江東区清澄3-3-9

開園時間

9時～17時（入園は16時30分まで）

休園日

年末・年始（12月29日～翌年1月1日）

おもな植物

クロマツ、サクラ（カンヒザクラ）、アジサイ、ツツジ類、ハナショウブ

Address

3-3-9, Kiyosumi, Koto-ku, Tokyo

Tokyo Garden | 15

多摩川に程近い
世田谷の自然を活かした庭

五島美術館

Gotoh Museum

上野毛の閑静な住宅地にある五島美術館。

Overview

「質実剛健」な庭に五島慶太の人柄を偲ぶ

世田谷の上野毛にある五島美術館は一九六〇年、東急グループの礎を築いた五島慶太《ごとうけいた》（一八八二～一九五九年）のコレクションによって設立された。

東急電鉄の歴史は、東京の都市の発展の歴史だ。彼はまず東京郊外に街を作り、そこへのアクセスとなる鉄道を通した。沿線開発に力を入れ、デパートや遊園地などを造ることで、魅力的で住みたくなる街を目指した。これは世界でも珍しい都市の発展の仕方だ。五島慶太は阪急電鉄の創業者である小《こ》林一三《ばやしいちぞう》からアドバイスをもらい、郊外

の都市開発を進めた。また沿線に慶應義塾大学などを誘致し、学園都市という新しい街作りを進めた。

美術館には、国宝「源氏物語絵巻」や「紫式部日記絵巻」など、日本や東洋の美術品が多く収蔵されている。そのため、建物は寝殿造をイメージして設計された。建築家は、近代数寄屋建築の巨匠・吉田五十八《よしだいそや》。蔀戸《しとみど》や御簾《みす》の意匠が取り入れられた鉄筋コンクリートの建物は、モダンでカッコいい。

庭園のすぐ脇には東急大井町線が通る。

春、ハナカイドウが庭を彩る。

今も行われる石仏の供養

美術館の敷地は、五島家の土地が寄贈された。庭園は当時の姿を今も残し、さまざまな時代の石塔や石灯籠、石仏などが置かれている。大日如来や六地蔵などの石仏は、東急グループが伊豆などで鉄道事業を進めた際に引き取られた。

五島慶太はとても信心深い人で、それら石仏を大切に扱った。今でも年に

可愛らしい馬頭観音。馬の頭部が観音様の頭に乗っている。

一度、石仏の供養が行われている。無数の石仏が置かれた森の中は不思議な光景だ。神聖な自然の精気を感じる。しかしそのすぐ横を東急大井町線が走っていて、その対比も面白い。五島は毎朝この庭を散歩していた。きっとお気に入りの空間だったのだろう。

庭内には、茶室「古経楼《こきょうろう》」や「冨士見亭」（ともに非公開）がある。古経楼は、五島慶太の前にこの土地を所有していた政治家の田健《でんけん》治郎《じろう》が一九〇六年（明治三九年）に建てたもの。その後、五島が今の姿に整備した。「古経」とは、古経典を好んだ五島慶太の号。

冨士見亭は一九五七年、足の悪かった五島が立礼式《りゅうれいしき》の茶室を発案して造られた。かつてここからは富士山の景色が眺められたが、今は高層ビルの景色が広がっている。昔は多摩川や田園風景も一望できたそうだ。庭内にはしだれ桜、フジ、サツキの刈り込み、イヌシデの大木もあって、ゆっくりと散策できる。

庭内には、大日如来など多くの石仏が並ぶ。

五島美術館庭園には、世田谷の自然がそのまま活かされている。

五島慶太は次々と私鉄会社を傘下に収め、東急グループを大きくしていったため、「強盗慶太」と揶揄された。しかし実際は生真面目で信心深い人物で、奈良時代の古写経や臨済宗の僧侶の墨蹟を蒐集した。

ここの庭を散策すると、五島の人柄がよく伝わる。決して華美ではない、自然の風景を活かした庭。庭は持ち主の性格を表す。ここの庭を一言で表現すると「質実剛健」。五島慶太の実直な人柄が、庭を作り、そして都市を作った。

茶室「冨士見亭」。かつてはここから富士山が望めた。

見どころ

Highlights

❶ 二子玉川の風景

五島美術館は多摩川の土手から程近いところにあり、多摩川と二子玉川方面の風景を楽しむことができる。

❷ 石仏

庭内には伊豆などの鉄道事業を進めた際に出てきた石仏が多数置かれており、庭園の特徴のひとつになっている。

❸ 四季折々の花

国分寺崖線の傾斜を活かして作られた五島美術館庭園では、自生のものも含め、四季折々の花を楽しむことができる。

❹ 美術館本館

五島美術館本館は、吉田五十八の設計によるもの。寝殿造の意匠を随所に取り入れた、建築史的にも貴重な建造物となっている。

五島美術館

Gotoh Museum

概要

東急グループの礎を築いた五島慶太が、古写経をはじめとする自らの美術品コレクションを公開する美術館を構想。世田谷にある自邸の敷地の一部を提供し、準備を始めた。五島が没した翌年の1960年4月に私立（財団法人）の美術館として開館。開館後に寄贈などで所蔵品は増え、現在、国宝5件、重要文化財50件を含む約5000件を有している。

武蔵野の雑木林が多摩川に向かって深く傾斜する庭園には、大日如来や六地蔵などの石仏が点在。椿やカエデ、ツツジ、しだれ桜など、季節ごとに多彩な花が目を楽しませる。

住所

東京都世田谷区上野毛3-9-25

開館時間

10時～17時（入館は16時30分まで）

休館日

毎月曜日（祝日の場合は翌平日）、展示替え期間、夏季整備期間、年末年始など

おもな植物

シダレザクラ、ツバキ、カエデ、ツツジ、モミジ、フジ、サツキ、シャガ、ミツマタ、マツ、ムクノキ、ササ、イヌシデ、ノイチゴ

Address

3-9-25, Kaminoge, Setagaya-ku, Tokyo

3人の建築家と作庭家のコラボレーション

国際文化会館

International House of Japan

国際文化会館1階ロビーからの眺め。

Overview

建築設計で重視された庭との調和

六本木の鳥居坂にある国際文化会館は江戸時代、多度津《たどつ》藩（現在の香川県）の江戸藩邸があった場所。明治時代は井上馨、久邇宮《くにのみや》家、赤星鉄馬が所有した。岩崎小彌太《いわさきこやた》（岩崎彌太郎《いわさきやたろう》の弟・岩崎彌之助《いわさきやのすけ》の長男／一八七九〜一九四五年）がこの土地を購入し、一九二九年、関東大震災の教訓を活かして頑強な基礎の上に豪邸を建てた。

作庭したのは七代目小川治兵衛。京都の名作庭家で、この頃には東京にも進出し、旧古河庭園の日本庭園なども手掛けた。東京大空襲で建物は焼失し

1階のティーラウンジ「ザ・ガーデン」からは庭園がパノラマのように広がる。窓枠にはヒノキ材が使われている。

たが、庭はかろうじて原形を留めた。

一九五二年、ロックフェラー財団などの支援を受け、国際文化交流を目的にした財団法人国際文化会館が創設される。一九五五年、建築界の巨匠、前川國男、坂倉準三、吉村順三の共同設計で現在の旧館が完成した。

国際文化会館創立者の一人である国際ジャーナリストの松本重治がコンペ形式で三人に設計案を依頼したが、前川らは競争を拒否し、三人の共同設計を提案。松本がその要望を受け入れた。岩崎小彌太が屋敷を建てた時の強固な基礎が残っていたため、旧館はその上に建てられている。小川治兵衛の日本庭園もその時に修復された。

庭に配された二筋の川

建物は、庭園と調和するよう設計されている。ベランダの柵は室内から庭園の眺めを邪魔しないよう、シンプルで洗練されたデザインになっている。また、建物の窓枠はすべてヒノキという貴重なもの。二〇〇五年に老朽化による大改修を行った際、「建物の美しさはこの木枠にある」と、ヒノキでアルミサッシを挟む二重構造を採用した。

庭園は池泉回遊式。小川治兵衛が作った川の流れや滝が今も残されている。南側の築山から二筋の川が庭園全体に流れるデザイン。西側を流れる小川は

築山から西側に向かう小川は、滝から池に流れ込む。

緩やかで、女性的だ。水が小さな滝に落ち、池に流れ込む。この滝石組に使われている自然石も素晴らしい。岩崎小彌太は石好きだったようで、紀州の青石も所々に使われている。「レストランＳＡＫＵＲＡ」の寝殿造の釣殿風の建物と池のバランスが美しい。

東側の枯流れはかつて水が流れていたが、今は石組だけが残されている。大石が多く使われ迫力があり、西側の川に比べて男性的。まったく違う印象の川を庭園全体に配するあたりが小川治兵衛らしい。

南側の築山を少し上がったところには、工事中に前川國男がいつも上って建物全体を眺めた「前川石」がある。前川が一九七六年に新館を設計した際には、枯山水の空中庭園も作られた。

国際文化会館の理事長補佐・芦葉宗《あしばむね》近《ちか》さんによると、ここには岩崎小彌太の避難用の隠れ地下ルートが残っているそうだ。小彌太には影武者までいたそうで、かなり慎重な人物だったのかもしれない。また小彌太はウサギが大好きで、庭に沢山のウサギを放し飼いにしていたそうだ。小彌太は身長一八〇センチに体重一三〇キロと当時としては大柄の人物だったが、可愛いものがお好きだったようだ。

芦葉さんは「先人が志を受けて作ったものを、これからも大事に残していきたいです」と力強く語られた。建築や庭園はリレーだ。誰かがバトンを守ってこそ次に繋がる。名建築家達と名作庭家との美しいコラボレーションは、今も訪れた人達に感動を与えている。

池の景と一体となった「レストラン SAKURA」。建物と庭の見事な融合。

芝生が敷き詰められた屋上庭園の一角は枯山水庭園になっている。

秋の国際文化会館庭園。紅葉に彩られた築山が美しい。

見どころ

Highlights

❶ 3人の共同設計による本館

前川國男、坂倉準三、吉村順三の共同設計による本館は、日本の代表的なモダニズム建築のひとつ。庭園見学の際にも必ず見ておきたい。

❷ 植治らしい石組

国際文化会館庭園では、「植治《うえじ》」と呼ばれた七代目小川治兵衛らしい滝石組や石の配置を見ることができる。

❸ 庭の眺めを邪魔しない柵

屋上庭園の柵はロの字型で本庭が透けて見えるようになっており、柵としての機能を果たしながら庭の眺めを邪魔しない優れたデザイン。

❹ 岩崎小彌太の時代の瓦

見逃しがちだが、庭の端には岩崎小彌太の屋敷だった時の瓦が残されているので要チェック。

国際文化会館

International House of Japan

概要

多度津藩（現在の香川県）の江戸屋敷が明治初期に井上馨の所有となり、久彌宮邸、赤星鉄馬邸、岩崎小彌太邸を経て、戦後、国有地となっていたものを1952年に財団法人国際文化会館が払い下げを受けた。1955年、前川國男、坂倉準三、吉村順三の共同設計により現在の旧館部分が完成。1976年には前川國男の設計により旧館の改修と新館の増築が竣工した。

庭園は、1929年に岩崎小彌太が自邸を建てた際、7代目小川治兵衛に作庭を依頼したもの。桃山時代、江戸初期の名残りを留める近代庭園の傑作となっている。本館は2006年に文化庁の登録有形文化財に、庭園は2005年に港区の名勝に指定されている。

住所

東京都港区六本木5-11-16

休館日

年中無休

おもな植物

アカマツ、モッコク、キャラボク、モミジ、ウメ、サクラ、ツツジ、アセビ、ヤマボウシ、ハギ

Address

5-11-16, Roppongi, Minato-ku,Tokyo

Tokyo Garden | 17

病床の正岡子規を楽しませた庭

子規庵

Shikian

静かな時間が流れる子規庵。ここでは横になり、子規と同じ目線で庭を見ることができる。

Overview

子規を慕う人々が作り、受け継ぐ

糸瓜咲て痰のつまりし佛かな
痰一斗《たんいっと》糸瓜の水も間に合はず
をとゝひのへちまの水も取らざりき

これは正岡子規（一八六七〜一九〇二年）の絶筆三句で、亡くなる一二時間前に子規庵にて詠まれた。糸瓜とはへちまのこと。へちまの水を飲むと痰が切れるといわれていたが、子規はへちま棚を日除けにしていた。肺結核が悪化して脊髄カリエスになり、亡くなる数年前から寝たきり状態だった子規にとって、ガラス戸越しに見えるへちまは創作の源でもあった。死の直前まで、子規は俳句や好きな絵を画くこと、そして人と集うことをやめなかった。

正岡子規は一八九〇年（明治二三年）、帝国大学に進学。その前年に突然喀血《かっけつ》し、結核と診断される。一八九二年（明治二五年）、学年試験に落第。中退を決意し、その年日本新聞社に入社。新聞「日本」に俳句欄を設ける。

一八九五年（明治二八年）、日清戦争の従軍記者となるが、帰国の船の中で大喀血し一時重体となる。しかしその後も精力的に活動し、日本を旅し、一八九七年（明治三〇年）に俳句雑誌「ほとゝぎす（後にホトトギス）」を創刊。子規は新俳句界のカリスマ的存在となり、全国のファンが子規の住居である子規庵を訪ねるようになった。

友人達が持ち寄った庭の植物

正岡子規を語るには、子規庵の存在は欠かせない。一八九四年（明治二七年）、二七歳の時に根岸の今の場所に母・八重《やえ》と妹・律《りつ》の三人で移り住む。魅力的な子規の周りにはいつも人が集まり、句会や歌会などが催された。

子規を訪ねる人達は、寝たきりの子規のためにさまざまな珍しいものを手土産に持ってきた。当時珍しかったバナナやパイナップルもあり、彼はそれを日記に書くほど大変喜んでいる。また友人達が持ち寄った植物が庭に植えられ、子規の目を楽しませた。

子規の俳句には植物の細やかな描写

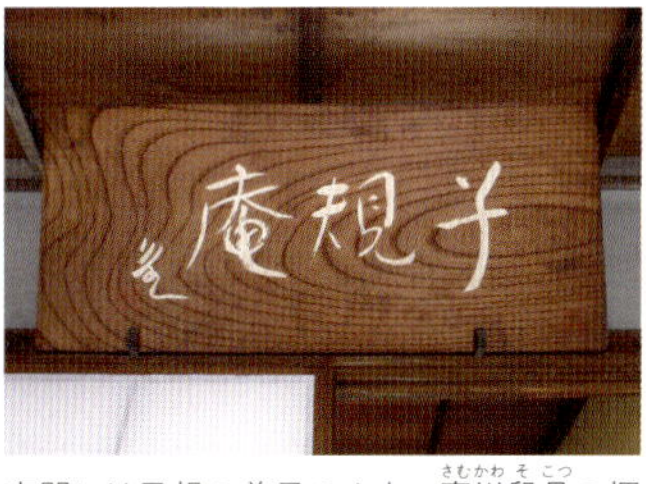

玄関には子規の弟子の１人、寒川鼠骨《さむかわそこつ》の揮毫による扁額が掲げられている。

子規が愛用した机（複製）。足を伸ばすことができなかった子規は、切り込みの部分に左膝を立て、体を安定させて机に向かった。「夜を寒み脊骨のいたき机かな」の句がある。

が多い。身体がだんだん痛みで動かなくなっていくにつれ、彼の目は花や鳥のミクロな世界を捉えるようになる。友人達からの「お土産」が彼の俳句の世界を支えた。

司馬遼太郎の小説「坂の上の雲」には同郷の秋山真之《あきやまさねゆき》と正岡子規との友情が描かれている。二人は実際に仲が良く、子規は秋山のことを「剛友」と表現している。秋山はアメリカに視察旅行に行った際、子規のために羽根布団を購入し、送った。闘病生活が少しでも楽になるようにという心遣いからだ。

日本では大変貴重だった羽根布団を子規は気に入り、大切にした。律が彼の作品を残すために建てた土蔵には、戦火を逃れた子規の遺品と共に、この羽根布団の布地の一部が今も残っている。

現在の子規庵の庭にも、子規の俳句に出てくるさまざまな植物が植えられている。へちま、ケイトウ（鶏頭）、ホトトギス、バラ、萩、芙蓉など、四季の花が私達をなごませてくれる。子規庵保存会の皆さんがボランティアで維持し、綺麗にしておられる。

保存会の広報担当者にお話を伺った。「子規さんは人を大切にする方でしたので人からも大事にされ、つまりお金持ちでなく、〝人〟持ちでした。子規は病気であっても〝愉快〟を見つけられる人。その人柄に惹かれ、みんなが

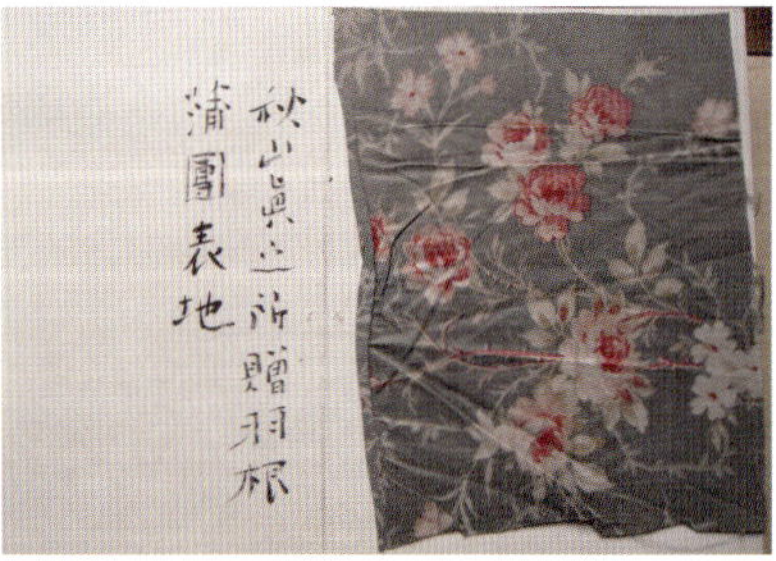

秋山真之が子規に送った羽根布団の布地の一部が、子規庵で大切に保存されている。（写真提供：子規庵保存会）

子規が見ていたのと同じように、夏を迎えると現在もへちまが実をつける。子規の忌日である9月の1カ月間は、毎年「糸瓜忌特別展」が開催される。

色とりどりの花に彩られた子規庵の庭。

子規を支えたのでしょう」

寝たきりであっても、子規には私達が見える世界よりももっと多くのものが見えていたのだろう。沢山の人々によって支えられ、大切にされてきた子規庵。この場所には今も子規の心や精神が宿っている。

ケイトウも子規が愛した花。「鶏頭の十四五本もありぬべし」

冬の子規庵。庭の草木がうっすらと雪化粧。

見どころ

Highlights

❶ へちまとガラス窓

病床からも庭が見えるよう、1899年（明治32年）に部屋の障子はガラス戸に替えられた。1901年（明治34年）に設けられたへちま棚も、ガラス戸を通して子規の目を楽しませた。

❷ 家

現在の子規庵は、寒川鼠骨をはじめとする門下生達によって1950年に再建された。焼失前の建物が忠実に復元されており、往時を偲ぶことができる。

❸ 四季の花々

病床の子規を楽しませようと家人、門弟、友人が草木を持ち寄り、子規庵の庭は四季に美しい庭となった。子規庵保存会の管理により、現在も四季の花々が訪れる人々を迎える。

❹ 羽二重団子

日暮里・芋坂の「羽二重団子」の団子は子規の好物で、律によく買いに行かせた。現在も「羽二重団子」はJR日暮里駅近くに店を構え、子規が愛した団子を楽しむことができる。（写真提供：羽二重団子）

子規庵

Shikian

概要

1894年（明治27年）、故郷の松山から母・八重と妹・律を呼び寄せ、旧前田侯下屋敷の御家人用二軒長屋のうちの一軒に正岡子規が移り住んだのが始まり。子規は子規庵を病室兼書斎、句会・歌会の場とし、多くの友人や門弟に支えられながら俳句や短歌の革新に邁進した。

子規没後も八重と律が住み句会・歌会の世話を続けたが、老朽化と関東大震災の影響により1926（大正15年）年に解体、旧材による重修工事を行った。1945年4月の空襲により焼失するが1950年に子規の高弟・寒川鼠骨らの努力でほぼ元の姿に再建され、1952年、東京都文化史跡に指定された。

住所

東京都台東区根岸2-5-11

開庵時間

10時30分～12時（受付は11時40分まで）、
13時～16時（受付は15時40分まで）

休庵日

月曜日（祝日等にあたる場合は翌火曜日。その他8月に夏季休庵期間、12・1月に冬季休庵期間あり）

おもな植物

ヘチマ、ケイトウ、アジサイ、ハギ、ムクゲ、ミズヒキ、ヤマブキ、ムラサキシキブ、ヒメヒオウギズイセン、フジ、ススキ、ヤブラン、ビヨウヤナギ、シュウカイドウ、フヨウ、ナノハナ、ユキヤナギ、ウメ、ツツジ、ヒメザクロ、バラ、トクサ、フキノトウ、モミジ、ホトトギス、ニチニチソウ、フジバカマ、クワ、グミ、キツネノボタン

Address

2-5-11, Negishi, Taito-ku, Tokyo

東京名庭園灯籠図鑑

濡鷺形灯籠。「鷺」の字がハッキリと見える。旧古河庭園。

奥之院形灯籠。火袋の獅子、中台の十二支の彫りが深い。旧古河庭園。

ホテルニューオータニにも多くの灯籠が据えられている。

垂れ下がるような大きな笠が特徴の濡鷺形灯籠。「濡」の文字が見える。ホテルニューオータニ。

桃山形灯籠。正面に彫られた桃の実が愛らしい。ホテルニューオータニ。

端正な佇まいの春日灯籠。ホテルニューオータニ。

春日にちなんだ鹿が2頭も彫られた春日灯籠。清澄庭園。

築山に据えられた春日灯籠。清澄庭園。

冬の準備のため灯籠が藁の笠をかぶる。ホテル椿山荘東京。

火袋の「見ざる」が可愛らしい。五島美術館。

木々の間に置かれた春日灯籠。五島美術館。

高麗形朝鮮灯籠。中台から竿に牡丹の花が彫られている。五島美術館。

朝鮮灯籠。厚みのある笠が特徴的。五島美術館。

おわりに

この本を、昨年七五歳で亡くなったデンマークの友人ビャーネに捧げたい。日本庭園が大好きだった彼は、何度も日本に遊びに来てくれた。その度に京都、金沢、飛騨高山、高野山などの庭園を一緒に巡った。彼は陽気な人で、よく自分のことを「俺はデンマークのバイキングだ！」といって笑わせてくれた。もうすぐ日本庭園を見に行くよ、といってくれていたのだが、そのメールから半年後に亡くなった。肺ガンだった。

ちゃんとお別れをいいたいと思い、この夏デンマークへ旅し、彼の家族とお墓参りに行ってきた。しかし墓地に彼のお墓はなく、共同墓地である広い芝生のスペースに埋葬されていた。デンマークでは個人の希望でお墓のスタイルを選べる。日本では身寄りのない人が共同墓地に埋葬されることが多いが、デンマークでは選択肢のひとつ。ビャーネは「墓石があると維持管理などで家族の手を煩わせてしまう」と、芝生での埋葬を希望した。「思い出してくれたらそれでいい」と家族に伝えていたそうだ。彼の考えも、それを尊重した家族も素敵だと思った。

奥さんのリアにどこに埋葬されているのか聞くと、「あの辺りって聞いてるのよ」とのこと。埋葬は教会の人が行い、はっきりした場所は教えてもらえないそうだ。家族にも場所を教えないことに驚いたが、その方がかえって「場所」にとらわれないのだとリアは話してくれた。この辺りにビャーネがいるんだな、と思うと、周りの樹々や草花、そして吹きぬける風に、彼の魂が宿っているように感じた。

彼のたっての希望で、ビャーネは日本の着物を着て、荼毘《だび》に付されたそうだ。芝生の前でリアや息子さん達と「きっと今頃、日本の庭園を見て回っているんだろうね」と話した。

今回一年かけて多くの方に庭園の取材をさせていただき、沢山興味深いお話を伺うことができた。お庭を一緒に回って丁寧に説明してくださったり、沢山の資料をくださったり、楽しいエピソードをいくつも教えてくださった。心からの感謝とお礼をお伝えしたい。

皆さんのお庭への想いや愛情を知り、木や石のひとつひとつに気持ちが込められていることを知った。庭のお手入れに気を配り、庭を見に来る人達に喜んでもらえるよう、さまざまな工夫をされていた。その「想い」がこの本でお伝えできれば幸いだ。

この一年東京の庭園を見て回ることで、新しい東京の魅力を知った。私が普段接している京都のものとは違う庭園文化や美意識が詰まっていた。来年東京オリンピックを迎えるが、海外の人にも東京の庭園の魅力が沢山伝わることを楽しみにしている。

誠文堂新光社の樋口聡さん、編集の山本貴也さんには今回も大変お世話になった。昨年刊行した「しかけに感動する「京都名庭園」」から始まり、「しかけ」シリーズを三冊も手掛けていただき本当に感謝している。信頼できる方とお仕事ができて本当によかった。一年かけて東京庭園の美しい写真を撮影してくださったフォトグラファーの野口さとこさん、そしてデザイナーの堀口努さんのお陰で、素晴らしい本になった。本当にありがとうございました。

友人や家族、生徒さんの皆さん、そしてお茶の先生の佐々木宗博先生、社中の皆さん、本当に多くの方に応援していただいた。心から感謝致します。

二〇一九年　白露　　　　烏賀陽 百合

東京名庭園マップ

小石川後楽園
東京メトロ丸ノ内線
254
中央大学
後楽園キャンパス
礫川公園
文京
シビックセンター
かすが
こうらくえん
牛天神下
434
後楽園駅前
東京ドームシティ
LaQua
都営三田線
首都高速5号池袋線
東京メトロ有楽町線
都営大江戸線
文京盲学校
ベルサール
飯田橋ファースト
小石川後楽園
(P24)
東京ドーム
壱岐坂下
白山通り
小石川後楽園入口
東京ドームホテル
301
東京メトロ南北線
後楽橋
小石川橋
昭和第一高
外堀通り
いいだばし
JR総武線
JR中央線
すいどうばし
東京メトロ東西線

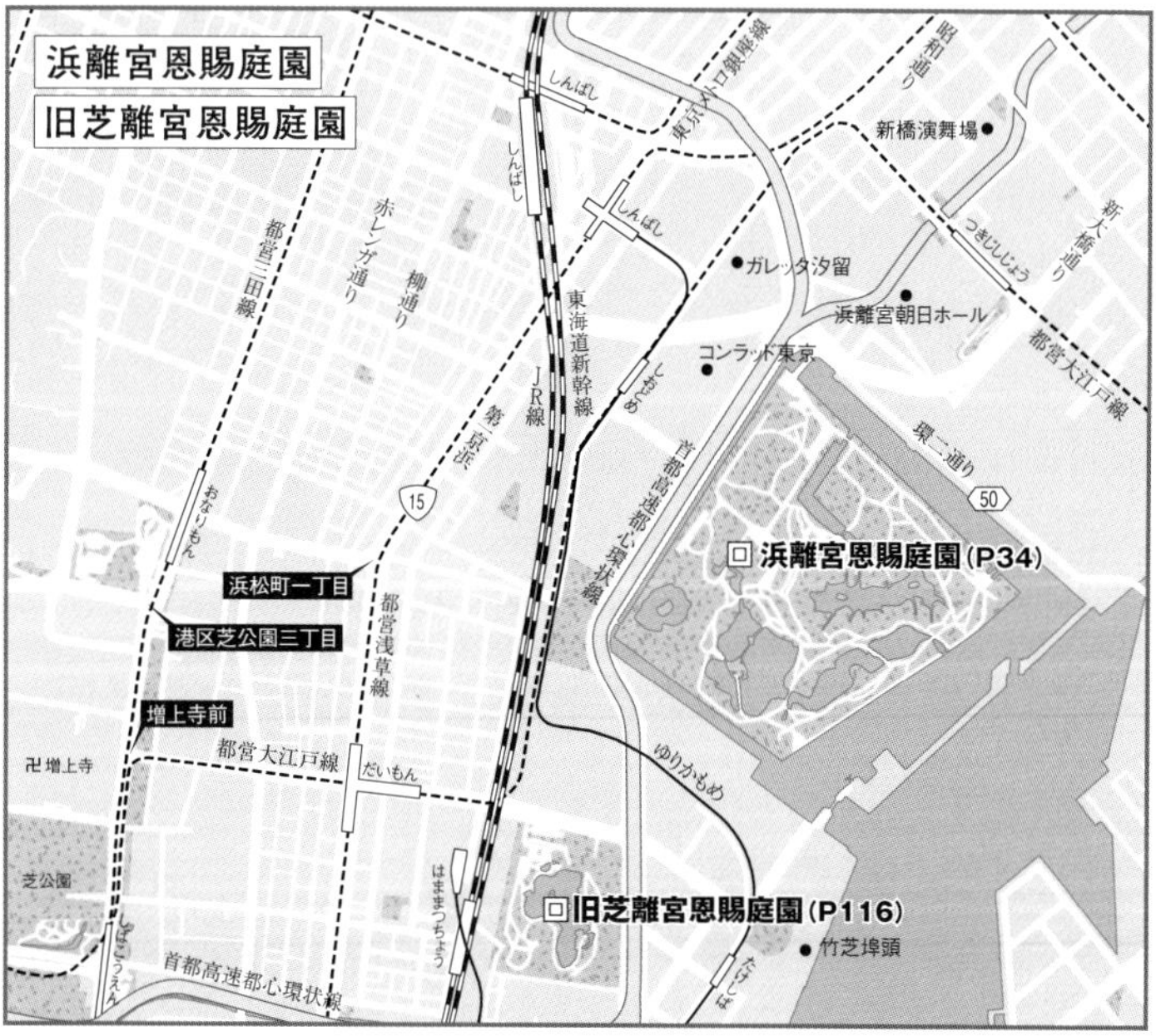
浜離宮恩賜庭園
旧芝離宮恩賜庭園
しんばし
東京メトロ銀座線
昭和通り
新橋演舞場
新大橋通り
つきじしじょう
ガレッタ汐留
浜離宮朝日ホール
都営大江戸線
都営三田線
赤レンガ通り
柳通り
東海道新幹線
JR線
しおどめ
コンラッド東京
第一京浜
15
首都高速都心環状線
環二通り
50
浜離宮恩賜庭園(P34)
おなりもん
浜松町一丁目
港区芝公園三丁目
都営浅草線
増上寺前
増上寺
都営大江戸線
だいもん
ゆりかもめ
芝公園
はままつちょう
旧芝離宮恩賜庭園(P116)
しばこうえん
竹芝埠頭
たけしば
首都高速都心環状線

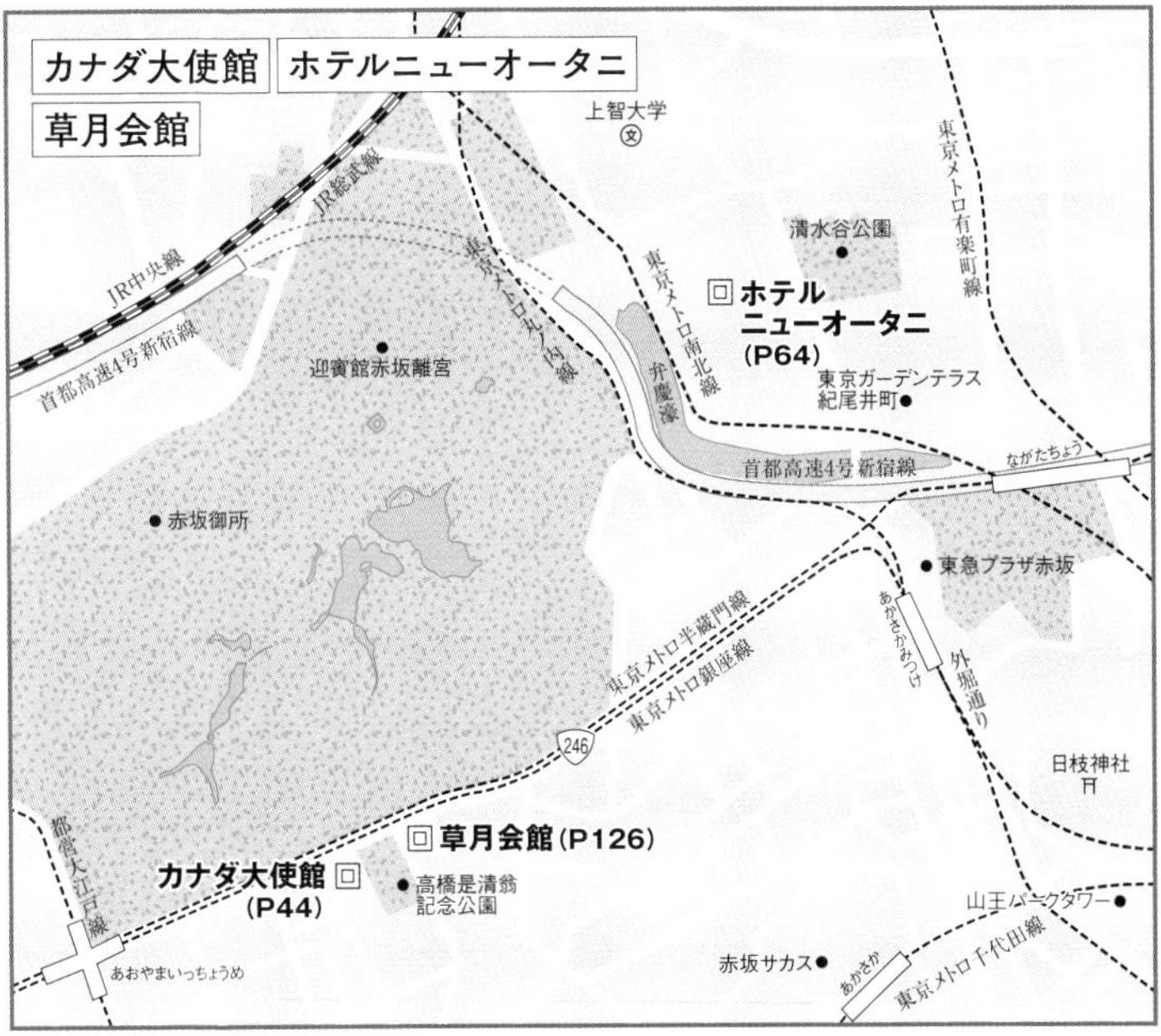
カナダ大使館
ホテルニューオータニ
草月会館
上智大学
東京メトロ有楽町線
清水谷公園
JR総武線
JR中央線
東京メトロ丸ノ内線
東京メトロ南北線
ホテル
ニューオータニ
(P64)
首都高速4号新宿線
迎賓館赤坂離宮
弁慶濠
東京ガーデンテラス
紀尾井町
ながたちょう
首都高速4号新宿線
赤坂御所
東急プラザ赤坂
東京メトロ半蔵門線
東京メトロ銀座線
あかさかみつけ
外堀通り
246
日枝神社
草月会館(P126)
都営大江戸線
カナダ大使館
(P44)
高橋是清翁
記念公園
山王パークタワー
あおやまいっちょうめ
赤坂サカス
あかさか
東京メトロ千代田線
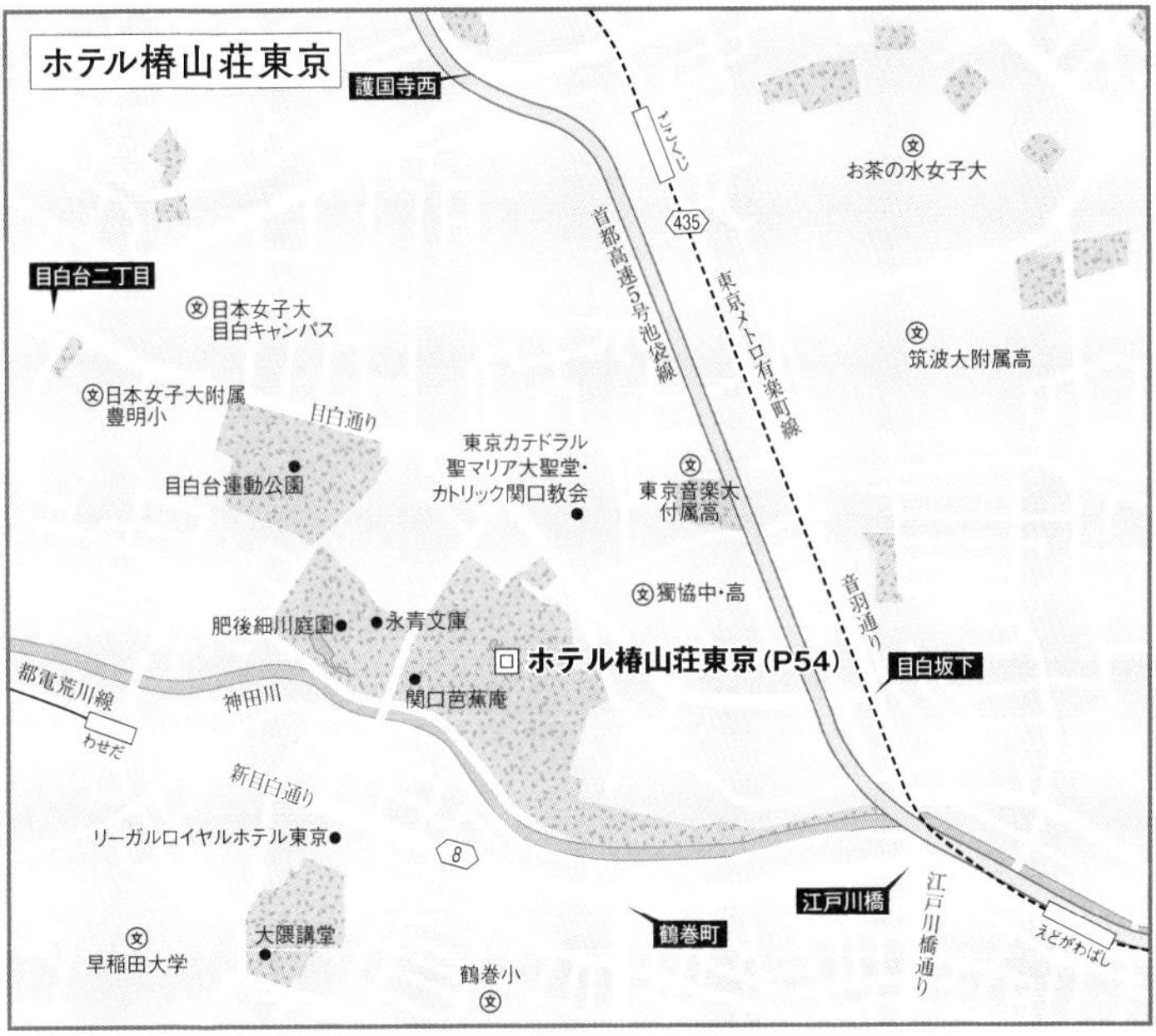
ホテル椿山荘東京
護国寺西
ごこくじ
お茶の水女子大
首都高速5号池袋線
435
東京メトロ有楽町線
目白台二丁目
日本女子大
目白キャンパス
筑波大附属高
日本女子大附属
豊明小
目白通り
東京カテドラル
聖マリア大聖堂・
カトリック関口教会
目白台運動公園
東京音楽大
付属高
音羽通り
獨協中・高
肥後細川庭園
永青文庫
ホテル椿山荘東京(P54)
目白坂下
都電荒川線
神田川
関口芭蕉庵
わせだ
新目白通り
リーガルロイヤルホテル東京
8
江戸川橋
江戸川橋通り
鶴巻町
えどがわばし
大隈講堂
早稲田大学
鶴巻小

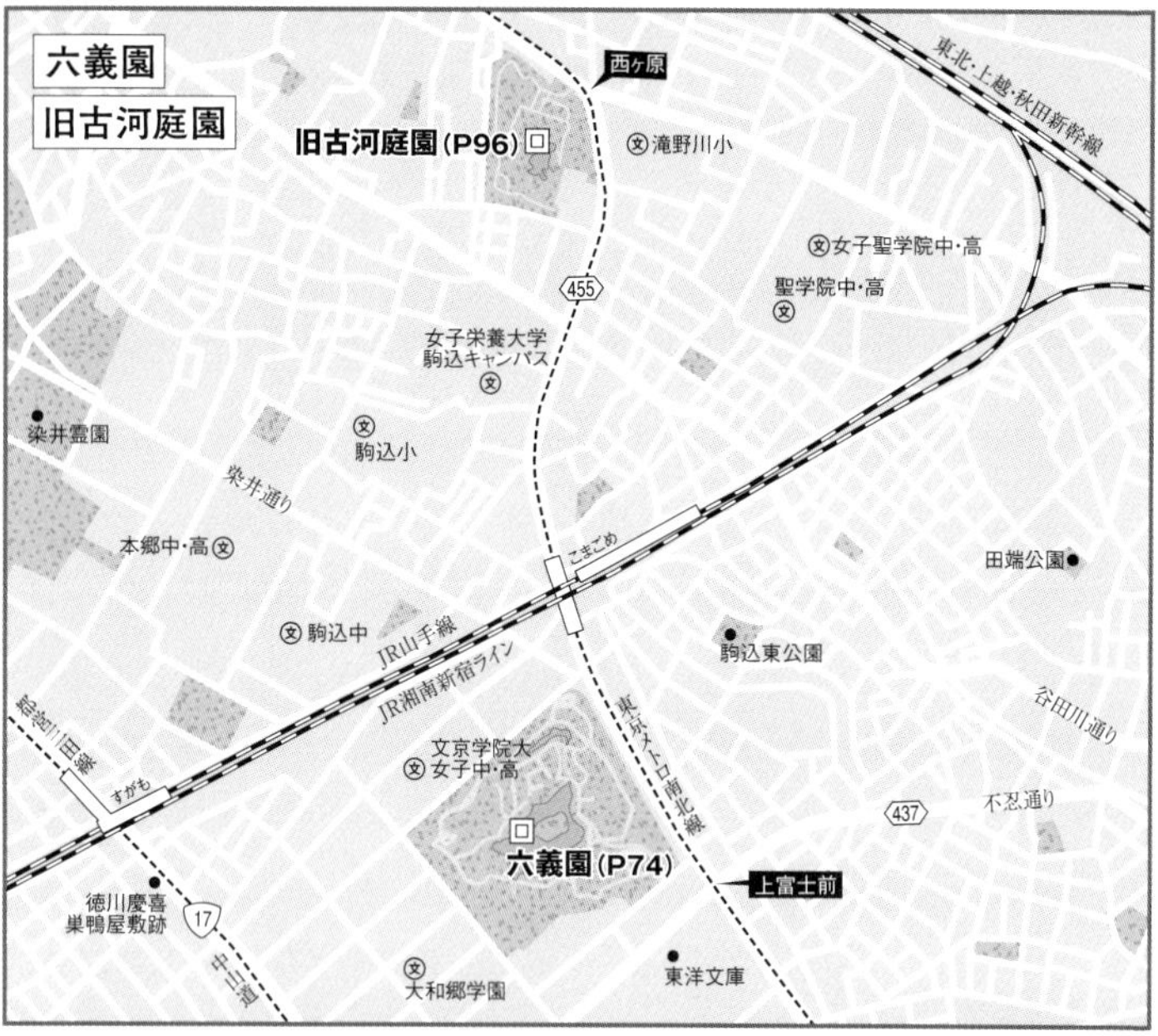
六義園
旧古河庭園
旧古河庭園(P96)
西ヶ原
東北・上越・秋田新幹線
滝野川小
女子聖学院中・高
聖学院中・高
455
女子栄養大学
駒込キャンパス
染井霊園
駒込小
染井通り
本郷中・高
こまごめ
田端公園
駒込中
JR山手線
JR湘南新宿ライン
駒込東公園
東京メトロ南北線
谷田川通り
文京学院大
女子中・高
すがも
437
不忍通り
六義園(P74)
上富士前
徳川慶喜
巣鴨屋敷跡
17
中山道
大和郷学園
東洋文庫

朝倉彫塑館
子規庵
日暮里・舎人ライナー
日暮里中央通り
日暮里繊維街
第二日暮里小
京成本線
313
日暮里南公園
朝倉彫塑館
(P86)
岡倉天心記念公園
竹台高
尾久橋通り
竹台高校前
谷中霊園
書道博物館
寺町美術館
子規庵(P188)
卍全生庵
寛永寺陸橋
452
319
根岸小
旧平櫛田中邸アトリエ
鶯谷駅前
京成本線
卍寛永寺
うぐいすだに
319
谷中六丁目
言問通り
東京藝術大学
音楽学部附属
音楽高
452

浅草寺伝法院
馬道
言問通り
卍六角堂
⛩浅草神社
浅草寺卍
国際通り
馬道通り
二天門
あさくさ
宝蔵門
浅草寺伝法院（P106）
卍弁天堂
浅草小
浅草演芸ホール
弁天山児童公園
6
浅草ROX
つくばエクスプレス
伝法院通り
浅草二丁目
東武伊勢崎線
浅草公会堂
オレンジ通り
仲見世商店街
浅草松屋
あさくさ
雷門一丁目
雷門通り
463
浅草一丁目
雷門
隅田川
東京メトロ銀座線
あさくさ
吾妻橋
都営浅草線
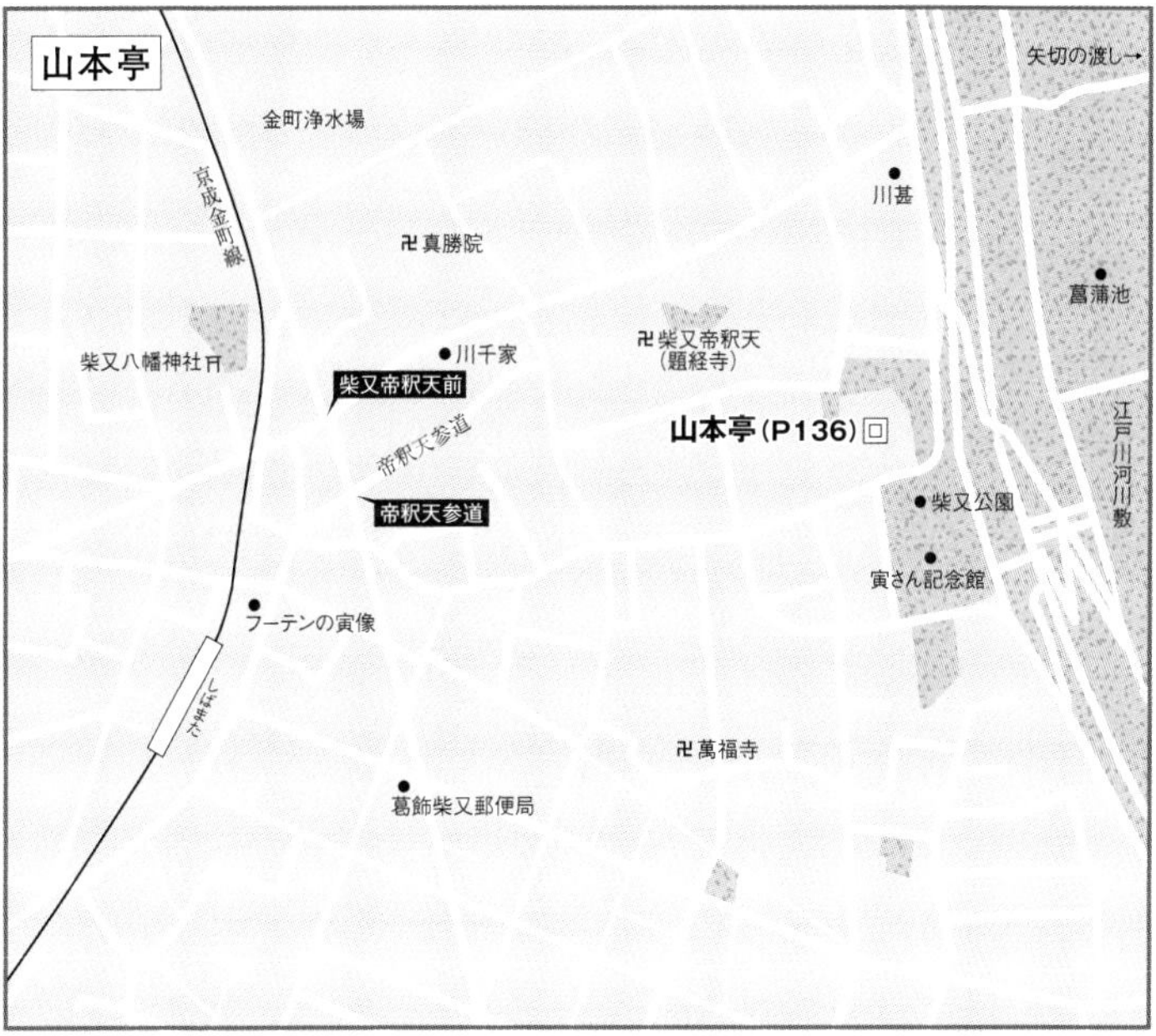
山本亭
矢切の渡し→
金町浄水場
京成金町線
川甚
卍真勝院
菖蒲池
柴又八幡神社⛩
川千家
卍柴又帝釈天（題経寺）
柴又帝釈天前
帝釈天参道
山本亭（P136）
江戸川河川敷
帝釈天参道
柴又公園
寅さん記念館
フーテンの寅像
しばまた
卍萬福寺
葛飾柴又郵便局

八芳園
目黒通り
東京メトロ南北線
都営三田線
312
シェラトン都ホテル東京
郷土歴史館等複合施設
「ゆかしの杜」
日吉坂上
桑原坂
港白金台
郵便局
しろかねだい
八芳園(P148)
瑞聖寺
明治学院大学
白金キャンパス
白金小
明治学院高
桜田通り
1
明治学院前

清澄庭園
隅田川
清洲橋
大嶽部屋
東京メトロ半蔵門線
きよすみしらかわ
清洲橋通り
474
中村中・高
本誓寺
清澄庭園中村学園通り
都営大江戸線
深川江戸資料館
平賀源内電気実験の地
清澄公園
463
清澄庭園(P158)
辰巳湯
清川橋
清澄橋
亀堀公園北
ブルーボトルコーヒー
清澄白河
ロースタリー&カフェ
亀堀公園

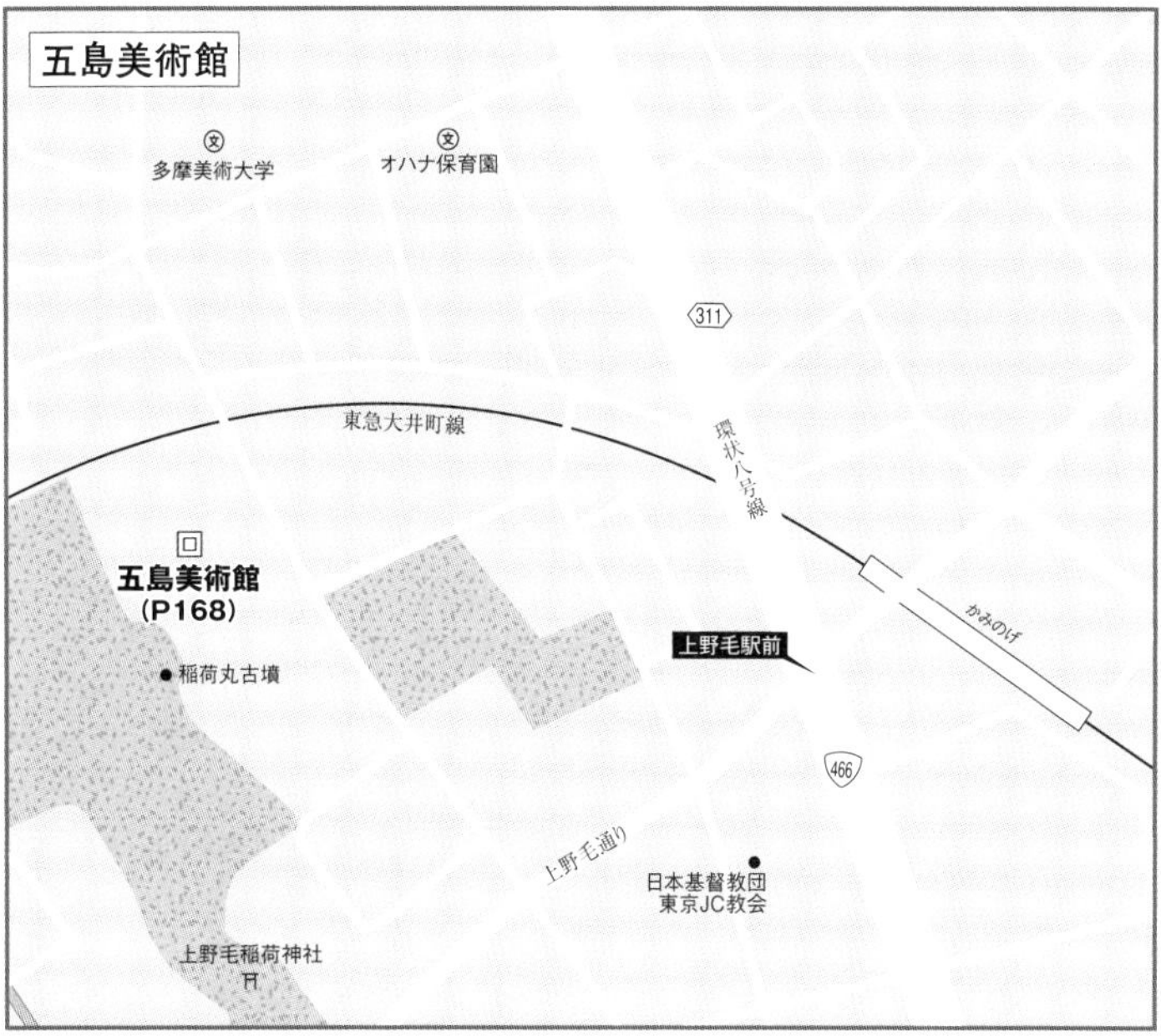
五島美術館
多摩美術大学
オハナ保育園
311
東急大井町線
環状八号線
五島美術館
(P168)
かみのげ
上野毛駅前
稲荷丸古墳
466
上野毛通り
日本基督教団
東京JC教会
上野毛稲荷神社

国際文化会館
ろっぽんぎ
首都高速3号渋谷線
東京メトロ南北線
東京メトロ日比谷線
六本木駅前郵便局
麻布小
飯倉片町
東洋英和女学院小
319
都営大江戸線
麻布地区
総合支所前
首都高速都心環状線
六本木ヒルズ
毛利庭園
於多福坂
東洋英和女学院中・高
駐日ロシア連邦大使館
六本木けやき坂通り
国際文化会館
(P178)
東京アメリカンクラブ
さくら坂公園
狸穴公園
六本木高
潮見坂
鳥居坂下
新一の橋
あざぶじゅうばん
319
中華人民共和国
駐日本国大使館
都営大江戸線
狸坂
麻布十番郵便局
一の橋
麻布中・高

撮影・野口さとこ

烏賀陽百合（うがや・ゆり）

京都市生まれ。庭園デザイナー、庭園コーディネーター。同志社大学文学部日本文化史卒業。兵庫県立淡路景観園芸学校、園芸本課程卒業。カナダ・ナイアガラ園芸学校で園芸、デザインを3年間勉強。またイギリスの王立キューガーデンでインターンを経験。これまで27ケ国を旅し、世界の庭園を見て回る。2017年3月にニューヨークのグランドセントラル駅の構内に石庭を造り、日本庭園のある空間をプロデュースした。東京、大阪、広島など全国で庭園講座を行う。またNHK文化センターや毎日新聞旅行などさまざまな庭園ツアーを開催。テレビの京都紀行番組などで庭園を紹介。著書に『しかけに感動する「京都名庭園」』『しかけにときめく「京都名庭園」』（誠文堂新光社）、『一度は行ってみたい 京都絶景庭園』（光文社）、『ここが見どころ 京都の名園』（淡交社）がある。

庭園《ていえん》デザイナーが案内《あんない》

しかけに感動《かんどう》する「東京《とうきょう》名《めい》庭園《ていえん》」

2019年10月13日　発　行　　NDC689

著　者　烏賀陽百合《うがやゆり》
発行者　小川雄一
発行所　株式会社 誠文堂新光社
〒113-0033 東京都文京区本郷3-3-11
［編集］電話 03-5800-5753
［販売］電話 03-5800-5780
http://www.seibundo-shinkosha.net/
印刷所　株式会社 大熊整美堂
製本所　和光堂 株式会社

ISBN978-4-416-51965-3